THE PSYCHOLOGY OF PRICE

How to use price to increase demand, profit and customer satisfaction

価格の心理学

なぜ、カフェのコーヒーは「高い」と思わないのか？

LEIGH CALDWELL
リー・コールドウェル＝著
REIKO TAKEDA
武田玲子＝訳

日本実業出版社

THE PSYCHOLOGY OF PRICE

by Leigh Caldwell

Japanese translation published by arrangement with Crimson Publishing Ltd. c/o Letter Soup Rights Agency through The English Agency (Japan) Ltd.

謝辞

まだ10代のとき、いつか本を出版すると兄弟で賭けをした。「何歳までに」という約束だったか忘れてしまったが、最初に出版のきっかけをくれたオーウェンには感謝したい。

オーウェンだけでなく家族は愛と支援を与えつづけてくれている。その存在なくして本書の出版はありえなかった。本当にありがとう。

本書のアイデアが誕生したきっかけは、数々の議論や散歩中の会話、ワインを飲みながらのおしゃべりだった。そんなときアネットは、ともにアイデアをふくらませてくれた。エブルとエマからも多くの励ましの言葉やヒントをもらい、クリムゾンのアリ・イェーツを紹介してもらったことで本書の出版が実現した。

具体的な内容は、長年のビジネス経験のなかで蓄積してきたものなので、これまでの仕事仲間との知恵の結晶である。ともに仕事をしてきたすべての人の衆知と言える。なかでもバスティアン、ダニエル、デイヴィッド、ナビル、フィリップ、ラジーヴ、サフィナとの議論や共同作業は、私の知識形成に大きく影響している。ヘルダー・ミグエルからのサポートも大きかった。

執筆作業をスムーズに、最後まで忍耐強く続けられたのは、ホノルル在住のシャニ・ヒラオカとスタンフォード通りのカフェ、プレ・ア・マンガーの面々がやさしく見守ってくれたおかげである。

出版までの作業を支援してくれたのは、サリー・ハロウェイ、ティム・ハーフォード、著作者の労働組合のメンバー、担当編集者のイアン・ウォーリス、最初の原稿案にも親切に目を通してくれた人たちである。サディーアス・フログレイ、ケイ・コールドウェル、アリス・モースレイ、フィル・ロード、マーチン・コールドウェルには、それぞれの職務に関係なく広範かつ詳細な指摘をいただいた。ジョン、ポール、ジョージをはじめとする数多くの友人には、それぞれの著作を参考文献としてご提供いただき、リンゴたちにはメールでの問い合わせに対応いただいた。感謝申し上げたい。

はじめに

本書の内容の半分ぐらいは、大手企業の幹部やコンサルタント、シンクタンクの研究員を対象とした研修用マニュアルとして2万1700円（155ポンド）で販売していた。年俸が毎年1400万円単位で増えると思えば安い買い物である。

その後キャンペーンのため、価格を4690円（33・50ポンド）まで大幅に値引きしたところ、規模の小さい企業からも問い合わせが殺到した。

そしてこのたび、できるだけ多くの人たちに読んでいただけるようにペーパーバックでの出版を決めた。しかも2099円（14・99ポンド）という破格の値段である。

これは何を意味するのか？　経済学の理論では、現在の読者が従来の価格で購入する状況はありえない。だが実際はそうでもない。心理効果によって、価格が高額であれば価値ある商品に違いないと思い込んでしまう。

長年ビジネスの現場で価格設定に携わってきたが、顧客心理について不思議に思っていた。一般的に行われているように、当初は原価にマージンを加えた価格設定をしていたが、スムーズに販売が進む場合もあれば、競合他社と同額の設定を強いられる場合もあった。ただ顧客心理については、完全には理解できずにいた。DVDの価格を1500円より1480円にするほうが本当に売れるのであれば、価格戦略に活かせる何かがあるに違いない。

２００２年、ダニエル・カーネマンがノーベル経済学賞を受賞したのを機に、経済学の手法と心理学の実証実験を組み合わせた「行動経済学」が広く知られるようになる。その学習を始めた直後、これまでの疑問に対する答えが見つかると直感した。顧客は価格の違いをどのように感じるのか、高価格からの値引き交渉をしたほうがよいのか、月額契約料金の引き上げに応じてくれるのか、提供する価値にふさわしい価格を支払ってもらうにはどうすればよいか、すべて説明できるのだ。そこで、価格についてのコンサルティングビジネスを立ち上げた。そのノウハウをまとめたものが本書である。

行動経済学では、顧客がどのように商品やサービスを購入するのか、どれだけの金額を支払ってもよいと思うのかをテーマに、数々の研究が発表されている。その内容に基づいて、私たちのような価格コンサルタントが新たな価格設定の手法を編み出してきた。基本的なポジショニングを設定して顧客ごとに価格戦略を練る方法、小売りの店頭や法人ビジネスでの価格の提示手法、利益を確保しながら価格設定を顧客ロイヤルティーにつなげる方法など、その数は20パターンを超えている。

心理学が価格設定の成否を左右するのは明らかだ。私たちが携わったソフトウエア企業では、心理学をうまく応用した結果、売上が200%以上増加している。もちろん常にそれだけの成果があるわけではない。市場環境が厳しい雑誌社の事例では、売上の改善は10%程度だった。だがいずれのケースも、顧客心理を理解した価格設定が業績改善につながっている。いまや的確な価格設定なくして企業の存続や成長は望めず、価格戦略の役割はきわめて大きい。決して補足的戦略と考えてはならない。

本書は、価格に対する顧客心理をビジネスに活かす方法を、手順ごとにわかりやすく伝える解説書である。どんな商品やサービスを販売する業種であっても、顧客が個人であっても法人であっても、あるいは行政機関であっても、役に立つ内容になっている。まず、価格によって商品やサービスのポジショニングを決める方法の説明からスタートし、市場セグメントごとの価格設定、顧客心理を無視せず的確に理解した価格戦略の解説へと進む。

本文では、チョコレートティーポットカンパニーというユニークな企業が登場し、価格戦略を駆使した新商品開発によって業界大手に成長し、顧客心理を理解したことで収益拡大に成功する。もちろん架空企業なので、スーパーに行ってもチョコレートポットは見つからない。しかし、すべての内容は実際の企業事例を参考にしている。

また、それぞれの章は3つのパートで構成されている。

最初のパートは、チョコレートティーポットカンパニーの事例として価格戦略を利用した新商品の発売、業績の拡大、顧客の獲得、ライバルとの競争について語る。次のパートでは、事例で取り上げたテーマについて詳しく解説し、その背景にある顧客心理を分析するとともに、具体的な企業事例についても紹介する。3番目の「実践してみよう」のパートでは、その章で取り上げたテーマを各自のビジネスに応用する方法について、わかりやすく説明する。

巻末には、本書で取り上げた資料のフォーマット、本書の引用資料、さらに詳しく学ぶための参考文献の一覧も掲載している。

各自のビジネスには違いがあるため、具体的な価格戦略や各章のテーマとの相性は、企業ごとに差があるかもしれない。しかし、顧客がどのように考え、それがどのように購買行動に反映されるかについては、すべての読者の参考になるはずだ。

補足資料としてオンラインの情報も用意した（www.psyprice.com）。読者からの声をお待ちしている。価格戦略の成功事例があれば、ぜひ投稿してほしい。すばらしいものがあれば許可を得てオンライン上で紹介するとともに、本書の改訂版を出版する際にはケーススタディーとして取り上げるかもしれない。

価格設定の7原則

1. 価格は、企業側の費用ではなく、顧客にとっての価値を基準に設定する。

2. 価格は、顧客が何に対してどれだけ支払うのか、はっきりわかるようにする。

3. 価格は、企業が調整できる条件ごとに比較できるようにする。

4. 価格を変更するときは、商品やサービスの再構築が必要である。

5. 価格の差別化は、利益を大きく左右する。

6. 価格から伝わるメッセージによって、顧客の価値認識は変化する。

7. 利益を拡大するためには、売上の低下も覚悟しなければならない。

価格の心理学　もくじ

ブックデザイン　小口翔平（tobufune）
カバーイラスト　中村メグミ
本文ＤＴＰ　ダーツ
翻訳協力　トランネット

第1章

ポジショニングと価格設定

どこで、何と比較させるかで価格は変わる

マギーから商品名を聞いたときは大笑いした。

「チョコレートポット？　冗談だろ？」

「本気よ。でもうれしい反応ね。きっと注目商品になる！」

満足そうな笑顔で、パッケージからそっと取り出した商品を見ると、まさにポットだ。しかも、どう見てもミルクチョコレートでできている。

ちょうどお湯が沸いたので、マギーはポットのふたを開けて茶葉を入れ、なんと、お湯を直接注いだ。でもなぜか溶けない。

渡されたポットを見ると、本体は薄い透明のプラスチックだ。その中のチョコレートが溶けはじめている。

「もう飲めるわよ。ちょっと甘めが好きなら、もう少し待ってもいいけど。飲んでみて」

カップに注いで飲んでみると絶妙な味。やさしい紅茶の香り、軽い甘さ、クリーミーさ、カカオの苦みがうまく調和している。ゆっくり味わってから、もう少し注いでみた。すると今度は紅茶とチョコレートが互いに主張しすぎていて好みじゃない。すでにチョコレートは溶けてしまっている。しばらくしてから残りをカップに移してみると、紅茶が濃くなっていて、チョコレートの風味にぴったりだ。

「不思議な感じだったよ。慣れるまでにちょっと時間がかかるかもしれないけど、なんともすばらしいものをつくったね」

「みんな最初はどうなっているのか、まったくわからないの。でも、ほとんどが気に入ってくれるのよ。紅茶に砂糖を入れるのが好みならね。砂糖を入れない人たち向けに、ビターな商品も開発中よ」と楽しそうだ。

マギーと知り合ったのは数年前。今回は何か記事を書いてほしいという理由で、創業した会社に呼ばれた。独創的な商品なので、ぜひ記事にしたい。初対面のときのマギーは写真関係の仕事をしていたので、新商品というのは携帯電話や技術に関連するものだと思っていた。紅茶とは予想外だ。

「今日は味を確認してもらいたかったわけじゃないの。本当におもしろいのはこっちよ」

別の部屋に入ると、いろいろなディスプレイが並んでいる。

「その前に、このチョコレートポットにいくら払う?」

「どうかな……。まったく見たことのない商品だからね。つくるのにはいくらかかるの？」

「うまい質問ね。でも、それは秘密。これを見て」

最初の棚には、スーパーのようにインスタントコーヒー、フィルターコーヒー、80個入りのティーバッグ、その隣にチョコレートポットが並んでいた。よく見ると値段がついている。

ネスカフェ・インスタントコーヒー100g	348円
ゴールドブレンド100g	478円
厳選自家焙煎コーヒー250g	458円
リプトン紅茶80個入り	248円
チョコレートポット6個	390円
チョコレートポット12個	690円

「この価格だと、まずチョコレートポットは選ばないだろうな。6個がコーヒー1瓶とほぼ同じ価格だろ。割高な感じだよ。普通そんなに高い金額を払うかな？」

「確かに。ポジショニングの問題ね。じゃあ、これならどうかしら」

今度はカフェの雰囲気だ。サイズ別に価格が表示されている。

カプチーノS　260円
カプチーノM　320円
カプチーノL　360円
アメリカンS　240円
アメリカンM　280円
アメリカンL　340円
エスプレッソ　180円
ダブルエスプレッソ　250円
バニラフラペチーノ　490円
チョコレートポット　400円

「なるほど。ほかの飲み物と同じ価格帯だから、この価格だと買うだろうな」

「じゃあ、もうひとつ見てちょうだい」

最後は、自由に選べる冷蔵ケースだ。乳製品とジュースが並んでいる。

オーガニックヨーグルト1個　158円

オーガニックヨーグルト4個パック	398円
フレッシュフルーツジュース250ml	278円
フレッシュフルーツジュース1l	518円
栄養ドリンク1本	160円
栄養ドリンク4本セット	550円
チョコレートポット1個	220円
チョコレートポット4個セット	620円

「こういうものを日常的に買っていれば、チョコレートポットは手ごろな価格だろうね。けど、普通はどれぐらい売れているの？」

「スーパーで1週間に売れる数は、レッドブルがだいたい200万本、ジュース100万本、ヨーグルトになると1億個よ。だから参入するのに悪くない市場ね」

「なるほど」

「**重要なのは、商品のポジショニングによって、消費者が支払う金額に大きな差ができること**ね。もしチョコレートポットをスーパーでティーバッグの隣に並べると、ティーバッグ1個やコーヒー1杯分の値段と比較されるから、4円から14円の間ね。6個で390円は高すぎるわ。

でも淹れたてのカプチーノの隣に並べると、1個400円でも抵抗なく払う。この違いは大きいわ。スーパーで売るなら、ジュースやヨーグルトといった新鮮な飲み物あるいはホットチョコレートの横がねらい目だと思う。そこだと300円に近い値段をつけられる。でも、カフェの市場性も高いの。売り込んでみるつもりよ」

数カ月後、カフェはチョコレートポットの大きな市場になった。商品の販売チャネルとして価値があるのか、商品の認知度を高めてスーパーでの購入につなげるのに効果的なのかは、はっきりしていない。いずれにしても、あるカフェチェーンでの販売にこぎつけてから半年もしないうちに、ほかのチェーンでも次々と扱ってもらえるようになった。

＊　＊　＊

新しい商品やサービスに初めて出会ったとき、それが自分にとってどれぐらい価値があるのか、ぼんやりしかイメージできない。具体的な金銭的価値がはっきりわかるのは、金融サービスや企業買収などに限られる。その場合は、サービス価格をはっきりと合理的に説明できる。もし100万円の利益が見込めるとすれば、90万円までは支払う価値があるだろう。

だが多くの場合、妥当な価格を判断するのは簡単ではない。その商品を消費する楽しさを予想してみるかもしれないが、そもそも無理な話だ。もし予想できたとしても、金額換算は当然できない。そこで代わりに、過去に出会った同じようなものと比較して、それを基準にしようとする。

たとえば、エストニアから来ている友人が、飲みなれたお酒を飲めるパブを近所で見つけたとする。ふるさとの味だ。その友人に一杯おごる場合、その金額はいくらと予想するだろう？

ボトルからワイングラスに注がれたとしよう。するとワインを基準に175mℓで560円と見当をつけるだろう。シャンパングラスに注がれると、同じ量で980円かもしれない。それに対して、ハーフパイント（285mℓ）のジョッキ売りだと、おそらくビールを基準に280円が妥当と思うだろう。ショットグラス売りだと、リキュールと見なして25mℓに抵抗なく280円払うはずだ。グラスが違うだけで、価格は11倍になっている。もちろんアルコール度数も基準になるが、11倍のはずがない。

一般的に価格の基準にしやすいのは、新商品と最も類似しているものであり、通常は複数の候補が存在する。そのため売り手側は、**できるだけ高価な商品と類似しているように仕向けて、想定価格を操作できる**。

チョコレートポットの比較対象は、ティーバッグかもしれないし、カフェの新鮮なカプチーノかもしれない。エストニアのお酒は、ビール、ウイスキー、シャンパンが比較対象になる。納税申告の手続きであれば、郵送費800円、ソフトウエア費1万2800円、優秀な専門家による個別相談料28万円が比較対象になるだろう。

◎価値（ベネフィット）マトリックス

どんな商品にも、表面的にはわからない**「便益としての価値」（ベネフィット）**がある。

自社の商品やサービスと、それらが提供するあらゆる価値について考えてほしい。顧客が商品やサービスを購入してくれる理由を、すべて挙げるのは容易ではないはず。そこでひとつずつ理由を見つけ、そこからさらに本質的な動機がないかどうか探ってみよう。たとえば、ある飲み物が提供する甘さは、甘いものに対する人間の基本的欲求を満たすだけでなく「親近感」や「安らぎ」を与え、「楽しかった思い出」を呼び起こしているかもしれない。さらにその思い出から、より根源的な動機にたどり着ける。**どんな価値も最終的には、「苦しさ」と「楽しさ」という2つの基本的な感情と、「時間」と「金銭」という2つの現実的な利便性から派生**している（「金銭」と「時間」があれば「楽しさ」を感じられるという発想もあるが、そこまで考えるのは、あまり実務的ではない）。

具体的な事例として、チョコレートティーポットカンパニーを取り上げた（次ページ上）。そして、その下の表は会計事務所の事例である。

この価値マトリックスは、顧客が意識しているかどうかにかかわらず、商品やサービスの購入につながるすべての要因を網羅している。顧客は、すべての要素を検討するわけではないので、提供側はきわめて優位である。

ただし、**購入理由ごとに競合相手が異なり、顧客がそれぞれのニーズを満たすための選択肢も複数ある。**

たとえば、顧客が甘いものを食べたいとする。その場合、チョコレートポット以外にも数々の選択肢がある。グミを買うこともできるし、一般的な砂糖入りの紅茶でも、スイーツでもよい。温かいものを飲みたいだけなら、紅茶でもコーヒーでもホットチョコレートでもよい。社交ツールとして誰かと何か一緒に飲もうと思っているのなら、カフェでコーヒーを飲んでも、パブでワインを飲んでもよい。映画館に出かけるという選択もある。

競合相手が変われば価格領域も違う。したがって、競合相手の選択と、それにあわせたポジショニング次第では、まったく違う価格設定ができる。そうなれば収益性にも差が生じる。

巻末の291ページに、このフォーマットを掲載しているので、各自のマトリックスを作成

チョコレートポットの価値マトリックス

直接的な動機（第1レベルの動機）	第2レベルの動機	第3レベルの動機	根源的な動機
チョコレートティーの味	甘さ 糖分のエネルギー 思い出の連想		楽しさ
のどの渇きをいやす			苦しさの回避
カフェインの摂取習慣を満たす	疲れの緩和	仕事の生産性の改善	楽しさによる満足感
仲間たちと一緒に飲み物を味わう	社交のツール		楽しさ

会計事務所の価値マトリックス

直接的な動機（第1レベルの動機）	第2レベルの動機	第3レベルの動機	根源的な動機
法令の遵守	罰金や刑罰のリスク回避 ストレスの軽減 秩序意識 社会的な善行	直接的な費用の削減 共同体意識	金銭 苦しさの軽減
経営陣の情報	経営意識の強化 円滑な経営計画 企業戦略の改善	利益	苦しさの軽減 金銭、楽しさ
節税	費用削減 キャッシュフローの改善	ストレスの軽減 企業成長力の強化	金銭 苦しさの軽減 金銭、楽しさ

してみよう。

先述の会計事務所の場合、法令遵守に特化してサービスを提供するケースもある（主に零細企業の決算や納税申告を担当する）。そうなると、クライアント企業の社員が経理業務を行う場合にくらべて、提供する価値はあまり大きくない市場に足を踏み入れ、費用のかからない大量生産の会計「工場」として、従来の会計事務所より低価格でサービスを提供することになる。おそらく利益率も低い。

だが、税務コンサルティングサービスに特化すれば、提供するサービス価値が大きく、サービス料金は価値の大きさに連動しやすくなる（詳細は第15章の「マーケティングコンサルタントの価格戦略」226ページを参照）。また、税務コンサルティングには創造性が求められるケースが多いため、価格競争が起こりにくい。

ほかにも、ビジネスアドバイザーというポジションを取り、クライアント企業の事業や投資に関する意思決定に戦略的アドバイスを行うケースも想定される。その意思決定に高い価値があるのは、判断次第で企業利益に数億円の違いが生じるからだ。仮にクライアント企業の的確な判断に大きく貢献すれば、それに見合うだけの価格を請求できる。

ただし、最後の選択肢には、ポジショニング上の検討すべき課題も少なくない。ビジネスアドバイザーの市場は、法令遵守のサービスにくらべて大幅に規模が小さい。クライアント企業からの信頼を得る方法も、会計事務所としての立場とは大きく異なり、実績をアピールしてビジネスアドバイザーとしての信認を受けなければならない。しかも高額なサービス料金は、それほど簡単には受け入れてもらえない。少なくとも従来どおりの見積方法は通用しない。

そのため、ビジネスアドバイザーの道を選ぶなら、価格戦略を変える必要がある。まず、クライアント企業にサービス費用そのものを提示しないほうがよい。賢明なのは、「今後の成長性」といった現存しない金額の一部をサービス料として受け取るやり方だ。ジョイントベンチャーへの参加や利益配分の契約などを検討すべきである。そうしておけばアドバイスが奏功して市場が拡大したとき、事前に苦労して現金でサービス料を受け取るよりもかなり高額な配当を手にできる。

しかし、こうした手法を選ぶ会計事務所は少ない。株式の持分や利益配当を受ける契約は、事前に料金を受け取る場合にくらべてリスクが高い。新規事業は、失敗したり、業績が安定しなかったりして、会計士に十分な報酬を払えないケースが少なくないからだ。あらかじめ投資を求められるにもかかわらず、報酬は、仮に得られたとしてもかなり先になる。一般的手法ではないため参考事例も少なく、起業意識の高い専門家の参加が不可欠だが、必ずしも適任者が見つかるわけでもない。だが前例を踏襲するよりも、手にする報酬は格段に大きい。

How to apply it

実践してみよう

各章の「実践してみよう」のセクションでは、章のポイントをビジネスに活かす方法を紹介していきたい。最初に作成する「価値マトリックス」は本書のキーポイントであり、ここで整理した「便益としての価値」は、これからの章で説明する内容の基本になる。

まず、各自の商品やサービスが顧客に提供する価値を分析しよう（291ページ表）。それらを1列目に記入する。すでに説明したように、そこには本質的なものが隠れているケースが多いので、それを2列目にまとめる。この作業を繰り返していけば、最終的には「苦しさの回避」、「楽しさ」、「時間」、「金銭」という4種類の根源的な動機に到達できる。

場合によっては、4段階のレベルでは足りなかったり、多すぎたりするかもしれない。第2レベルから、「苦しさの回避」や「楽しさ」につながるようなケースもある。第2レベルや第3レベルが不要であれば、空欄のままでよい。逆にもっと多くのレベルが必要な場合は、ウェブサイトに別のパターンも用意している（www.psyprice.com）。

次に次ページの「価値比較チャート」のように、自社商品が提供する主な価値のうち1項目

価値比較チャート

便益／価値（価値マトリックスより）	競合相手	価値の単位	単価
疲労回復	パブで飲むビール	滞在時間	10円
	カフェで飲むスパークリングウォーター	滞在時間	12円
	自宅で飲む水道水	経過時間	0円
セルフイメージ	別の疲労回復サービス	1回あたり	7000円
	他社の健康飲料	1本あたり	350円
	雑誌を読むこと	1記事あたり	560円
健康	ジムの会員	1回あたり	1500円
	サラダ（レストランで注文する）	1皿あたり	840円
	サラダ（スーパーで購入する）	1パックあたり	280円

を選び、同じ価値を提供する他社商品を思いつく限り列記しよう（292ページ）。標準的価格もあわせて記入しておく。そのなかから、競合するポジションを決め、チョコレートポットの事例のティーバッグなのか、あるいは淹れたてのカプチーノなのかを判断する。

比較チャートの「単位」は、記入しにくいかもしれない。たとえば、輸送サービスの場合は移動距離、宿泊サービスの場合は宿泊日数のように明確な単位があるが、BMWが提供するブランド価値などは、確かに顧客に価値を提供しているものの、適切な単位を想定するのは困難である。具体的な表記単位を思いつけばよいが（ブランドに気づく友人や知人の人数などだろうか……）、もし思いつかなければ空欄のままでよい。

前ページの表は健康飲料メーカーの事例だ。顧客に提供する主な価値は、「疲労回復」、「セルフイメージ」（商品のブランドによるもの）、「健康」（成分に含まれるビタミンやハーブによるもの）としている。292ページのフォーマットを使って、各自のチャートを作成してみよう。同じ価値を提供する商品やサービスまでリストアップできれば、単価が最も高いものを見極められる。それに代わる選択肢として各自のポジショニングを考えれば、一番高い価格設定ができるはずである。

このように最も高額な競合相手を選び、高価格を設定できるように絞り込んだ価値を、「**最重点価値**」と呼ぶ。

ただし忘れてはいけないのは、競合相手に選ぶ商品の予想売上数である。仮に新しく販売する車の競合相手をBMWではなくフェラーリと想定した場合、単価は高く設定できるかもしれないが、販売台数はBMWほど多くない。

次の章では、必要な販売量の分析方法について説明しよう。

第1章のまとめ

● 商品に対する顧客の価値（ベネフィット）は主観的で、状況に大きく左右される。

● その価値（および顧客が抵抗なく支払う金額）を引き上げるには、高価格の比較対象と並べればよい。

● 顧客がイメージする自社商品の比較対象を把握するには、自社商品が提供する価値を分析すればよい。

● 価値分析では、それによって満たされるニーズを根源的な「楽しさ」や「苦しさの回避」まで掘り下げる。

● それらの価値分析は、今後の章で説明する心理効果を利用した価格設定やマーケティングを理解するためのキーポイントになる。

第2章

原価に基づく試算

「適正価格」ではなく、「最低価格」を把握するチョコレートポットの工場は操業に向けて建設中なので、試作品をつくっている研究所に案内された。衛生管理のため手袋と帽子、さらに使い捨ての靴カバーまで着用しなければならない。マギーは、すっかりさまになっている。

チョコレートポットは丁寧につくられているが、それほど複雑な作業ではない。型にプラスチック原料を流し込んでポットを形成し、型から取り出したポットの本体に注ぎ口をしっかりと取り付ける。次に水まき用のスプリンクラーのようなもので、内側にチョコレートを吹き付ける。チョコレートが固まると、茶葉の入ったティーバッグをポットにセットし、糸のついたタグを出してふたをする。

コストを聞くと、マギーは即答しなかった。

「どこまでをコストに含めるか次第ね。工場ができれば原材料費はそれほど高くないわ。ポットが7円、チョコレートが8円、ティーバッグが4円ぐらい。それにパッケージがデザインによって7円か14円。でも試作品をつくる設備に400万円は必要だし、本格的な工場になると、ひとつの製造ラインをつくるだけでも10倍の規模になるはず。

それに問題はマーケティングね。ヒット商品になれば、それほど費用はいらないけれど、そうでなければ製造コストの3倍は販売費用がかかる。だから、まったく予想できないの」

「じゃあ、1個あたり最低いくらで売れば赤字にならないの？」

「そうね……。商品そのものの原価は28円前後だけど、製造設備やマーケティング費用を回収できるだけの利益が必要よね。その費用は販売個数が1万個か、10万個かによって違うわ」

「もし単価を42円にすれば、最低でも50％の利幅が望めるから、そうなると……」

マギーは頭を振って眉をひそめた。もう話したくないようだ。この会社は巨大な利益を生むだろうか、それとも賃金の支払いにも困るだろうかという思いがよぎった。

＊　＊　＊

この章では、顧客心理についてはあまり言及せず、心理効果をねらった価格戦略を理解する上で欠かせない事業収支面の分析を行う。固定費および変動費、損益分岐点について理解している場合は、次の章に進んでもらいたい。

企業にとって費用の検証は、価格戦略と同様に時間のかかる重要なプロセスだが、価格戦略の第一歩にすぎない。商品やサービスを提供するための原価を出せば、設定できる最低価格はわかるが、それが適正価格というわけではない。

というのも、適正価格は販売量によって変化する。商品の生産やサービスの提供1単位あたりの直接的な原材料費に相当する変動費は、販売量に比例して発生するが、固定費が発生するのは、創業時や事業拡大の投資時、操業する月単位である。それらの固定費を全販売単位に配分しなければ、損益分岐点価格はわからない。しかし、どれだけ売れるかは事前に把握できず、逆に設定する価格次第で販売量も変わる。

そのため最低価格を正確に計算するのは、不可能に近い。終わりのない計算を繰り返すだけで、顧客行動を際限なく詳細に把握できなければ結論は出ない。

ただし、いくつかの選択肢は設定できるので、チョコレートティーポットカンパニーを事例に説明しよう。

次ページの表のように、販売数量によって最低販売価格は変化する。この表から予想販売量を判断する重要性がわかり、原価に見合うポジショニングも見極められる。

このチョコレートティーポットカンパニーの場合、ティーバッグやインスタントコーヒーと競合する大量販売のポジショニング戦略は難しい。少なくとも100万個販売する自信がなけ

チョコレートポットの販売数量と最低販売価格

基本的な費用			販売数量が… 10個／年	10万個／年	300万個／年*
1個あたりの基本的な（変動）費用	28円		28円	28円	28円
創業費用（3年間）	4500万円				
1年あたりの創業費用	1500万円	チョコレートポット1個あたりの創業費用	150万円	150円	5円
年間費用（マーケティング費用および諸経費）	3500万円	チョコレートポット1個あたりの年間費用	350万円	350円	12円
チョコレートポット1個あたりの最低販売価格			**500万28円**	**528円**	**45円**

＊実際に販売量が300万個まで増えると、新たな設備投資が必要になり、販売や流通のための諸経費も上昇する。そのため固定費は増加するが、原材料を大量購入するため値引きされ、変動費が減少する。おそらく、結果的に最低販売価格はやや低下する。

れば、スーパーでの販売は不可能であり、カフェでの販売に限定される。

しかし、これは事業戦略の策定やコスト構造の確認には重要な情報だが、価格設定の第一歩にすぎない。単に原価にマージンをのせればよいと思わないでほしい。そうすれば利益は得られるが、顧客に誤ったメッセージを送ってしまう事態になりかねない。

原材料費だけで商品の価値を決めると、顧客は原材料を組み合わせる手間が省ける以外には、商品を購入する理由がないと感じてしまう。顧客に自社の商品やサービスを購入してもらい、消費体験に関心を持ってもらう強い動機づけをし、企業側が事業に注いだ時間や情熱にふさわしい利益を得るためには、**単に原価だけではなく顧客に提供する価値に基づいて価格設定する方法を模索すべき**である。

293〜294ページ掲載のフォーマットを使って、各自、最低販売価格を計算してみよう。

In focus

歴史に残る価格

歴史書を見ると、価格には別の意味もある。過去何百年の取引を振り返ると、価格そのものの意味だけでなく、後の世代から見た意義も垣間見える。

■現在のアラスカ州は、1867年に1エーカーあたり2セント、合計720万ドルでアメリカがロシアから買収した。当時ロシアが売却を望んだのは、いずれ戦争によって奪われてしまうという懸念があったからだ。アメリカでも、買収金額を大幅に上回る維持管理費が必要だと知っている人たち以外は、反対意見はほとんどなかった。後に調査が進み、埋蔵されている石油や鉱物資源に膨大な価値があることが明らかになると、その開発がアメリカ国内の政治的な話題となっている。それればかりかアラスカ州がなければ、サラ・ペイリンは現れていなかった。

■「ルイジアナ買収」は、さらに大きな意味があった。アメリカは1803年、現在の15

州におよぶ約4分の1の領土を、フランスから1500万ドルで買収している。その歴史的事実は、その後のアメリカの運命を大きく変えた。一方のフランスは、この売却によってアメリカをイギリスに対する軍事的抑止力にできるとして、政治的勝利と判断した。

■1968年、アメリカの不動産業者が観光名所にするため、ロンドン橋を約2億円で購入した。タワーブリッジと勘違いしていたという俗説もあったが、そんなはずはない。結局、購入者自身が橋を再建しなければならず、橋の大理石しか使えなかったので、購入価格が適正だったかどうかは評価できないが、復元先のアリゾナ州のリゾート地のPRに役立ったのは間違いない。ロンドン市議会もいずれにせよ橋を取り壊さなければならなかったので、多少にかかわらず売却益があるほうがよかった。

■価値に基づく価格設定の先駆けとなったクリストファー・コロンブスとスペインのイサベラ女王の契約では、コロンブス（および資金提供者）は、航海で発見した新大陸から得られる全利益の10％を受け取ることになっていた。当然、女王はその契約内容を破棄したのだろう。

■石油価格は、歴史上、強大な影響力を持つ価格のひとつかもしれない。1970年代以降、多くの政治および経済的な出来事のきっかけとなってきた。1970年代の深刻なオイルショックによる石油価格の歴史的高騰は、中東の軍事衝突の引き金となり、ケインズ政策の不支持につながるとともに、1980年代から1990年代にかけての欧米諸国の政治に大きく影響した。また、2007年から2008年にかけての1バレルあたり145ドルというかつてない原油価格の高騰は、その後の金融危機および景気低迷の元凶とされている。原油産出国が共謀して価格を引き上げているという見方が強いが、年間30億ドル規模の市場がそのように操作される可能性は低いはずだ。おそらく原油価格は心理的な価格操作が最も起こりにくいが、原油価格に対する消費者および政治家の心理をテーマにすれば、これまでにない本が書けるかもしれない。

■かつて政治的にきわめて重要だった金の価格は、いまやそれほど意味を持たない。一1930年代以前は、通貨の実質的価値は金価格（および銀価格）に左右されていた。一部の国では、その状況が1970年代まで続いた。金本位制により、アメリカで1オンス20・67ドルと法律で決められた金価格に従って、政府が発行できるドルおよびポンドが制限されていたからだ。当時の金本位制と、それによって柔軟な金融政策が実施できなかったことが大恐慌の原因だというのが、一般的な経済学者の見解である。１９３４年にアメリカが金価格を１オンス35ドルに変更し、イギリスが金本位制から離脱した結果、両国経済は立ち直りはじめた。

■政府による物価統制は、日常的に行われている。通常は、上限価格を設定する。主な理由は既存価格での需要超過であり、値上げを禁じて供給不足を続ければ、行列ができるか配給制にすればよいだけだ。この方法が有効なのはパンやガソリンなどの日用品だが、１９６０年代から１９７０年代にかけて国内すべての物価や賃金の上昇を抑えてインフレの解消を試みた国もあった。

■かつて東京の皇居およびその周辺約５㎢の地価評価額は、カリフォルニア州全土を上回っていた。当然その価格で売却されることはなかったが、仮にそれだけの土地が東京で売買されていれば、地価は暴落したはずである。

■一方マンハッタンは、実際に売却された。１６２６年、オランダ人入植者が、ブルックリン近隣に住むアメリカ原住民たちから60人の商人仲間のために購入した。当時、実質的な為替レートは確立していなかったが、その価値は推定1000ドル近い。もし当時から386年間、年利4％で投資していれば、現在の金額で37億5000万ドルになる。開発前の土地だったことを考慮しても破格な安値だが、地元住民から詐取したわけではないだろう。仮に6％の利率であれば、1000ドルは6兆ドル前後になり、売却者は間違いなく大金を手にしていたはずだ。

■歴史上、最も有名な取引は、イエス・キリストを裏切ったユダが司祭長たちから30枚の銀貨を受け取った聖書の逸話である。その金額はおそらく奴隷の平均的な代価に相当し、インフレが実質的に存在しなかった当時の物価は、現在にくらべてかなり安定していた。さまざまなものの価格は、1日分の労働、片目を失明させる罰など、文化の違いによって一定のもので定められている。文化人類学者のデヴィッド・グレーバーによると、借金や通貨が発明されたのは、法的に定められた価格があったためだという。物々交換や金銭のやり取りが始まったのは、後になってからである。

第2章のまとめ

- 原価を基準に価格設定すべきではないが、原価から最低販売価格を把握できる。

- 固定費と変動費の違いを理解していなければ、利潤が最大となる価格設定はできない。

- 変動費を下回る価格設定はできないが、固定費の一部を回収する価格戦略もある。

第3章

顧客心理の読み方

価格の差別化で顧客の「欲しい」を引き出す

5月、風の強い土曜日の朝、新商品の顧客テストに招かれた。テーマは、チョコレートポットをいくらに設定するかだ。

一般的な価格設定では「需要曲線」を作成する。販売量は、価格を下げれば増加し、価格を上げれば減少するのは当然だが、下げすぎると販売量が増えても利益は減少する危険がある。逆に上げすぎると、まったく売れなかったり、販売量が少なすぎて必要な利益を得られなかったりする。そのどこかに理想的な、最大利潤を得られる価格がある。それを見つけ出すには、大規模な顧客調査や店頭での試験販売を行って、顧客が抵抗なく支払う金額を把握しなければならない。

次ページのグラフは一般的な需要曲線で、さまざまな価格の需要量がわかる。

基本的な経済学理論はこうだ。現行価格に関係なく、価格を上げれば販売量は減り、逆に下げれば販売量は増える。ただし価格を下げすぎると、費用が売上を上回り、総収入は減少する(グラフの200円の状態)。価格を上げすぎても、顧客が減少して収入増加の意味がなくなる(グ

需要曲線

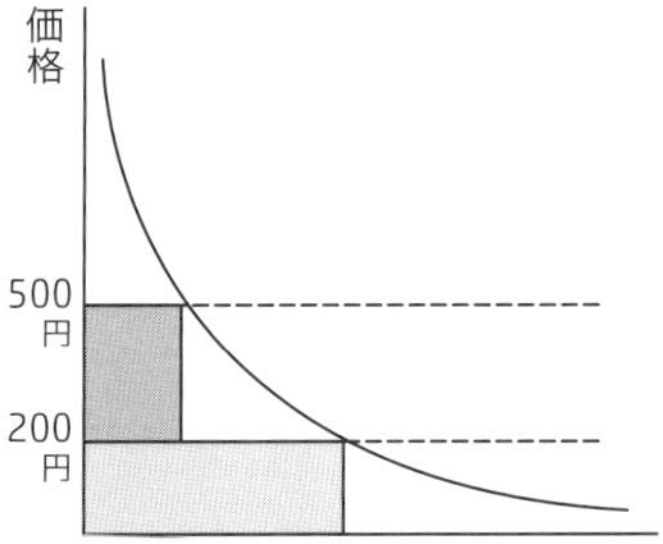

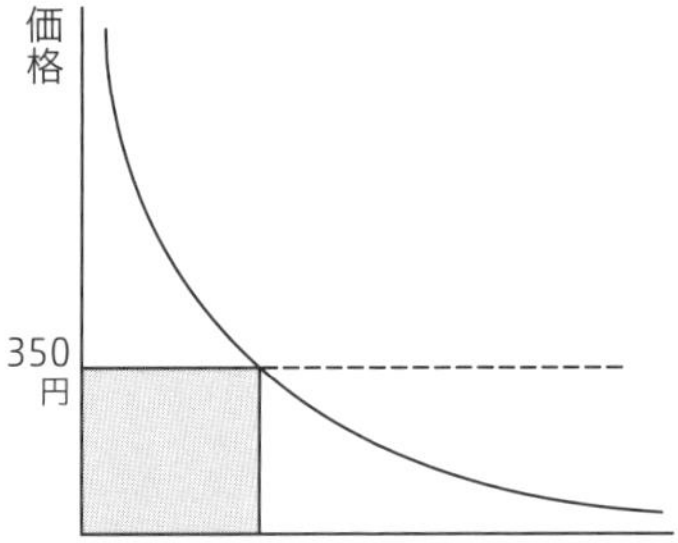

ラフの500円の状態)。しかし、その間の理想的な価格で収入は最高になり、需要曲線下の長方形部分が最大になる(実際には収入よりも利潤を最大化しようとするが、ここでは同義である)。

マギーにチョコレートポットの需要曲線を把握しているかどうか聞くと、笑われた。

「需要曲線? そんなの無意味よ。見ていてね」

4人のゲストが入ってきて、それぞれポットを手に取り、商品をチェックしはじめた。それぞれポットを手に取り、いくらなら払うかを紙に書いていった。調査員が集めた紙をマギーが見せてくれる。

■160円
■290円
■138円
■56円

「利潤を最大にしようと思えば、いくらにすべき？　いまはコストを無視してね」

「56円じゃないよね。４人全員に１個売れるけれど、売上は２２４円にしかならない。２９０円で売れば、２人目だけでそれ以上になるからね」

「じゃあ、その間の価格にすれば？」

「１６０円なら最初の２人に売れて売上は３２０円、１３８円にすれば３人に売れて４１４円の売上だから、１３８円だね」

「需要曲線から判断すれば、それが正解ね。でも私の判断は違うの」

マギーは１３８円と書いたジョンを呼んだ。

「ジョン、あなたは１３８円だと払ってくれるのよね。でも、その金額だと利益を得られそうにないの。１５０円まで上げられない？」

「まあ、いいよ。10円ちょっとぐらい高くなるだけなら。一度試してみたいし」

ジョンはテーブルに戻り、マギーが振り返った。

「需要曲線のひとつ目の問題がわかったでしょ。**顧客は本当に支払うつもりの価格より低い金額を言う**わ。低い金額を言えば、発売金額を下げてもらえると思っている。**実際には、自分が本当にいくら支払うつもりなのかも自覚していない**はず。定価がいくらなのか、店で一緒に並んでいる商品がいくらなのか、買うときにどんな気分なのか、さまざまなことが影響するものよ。自分ではコントロールできないし、自覚すらしていないことも多い。もしジョンが本当は１５０円支払ってくれるとわかって、その金額にすれば、最初に想定したより売上は10％増える」

「でも、いつも人を集めて調べるような問題ではないだろ？　店で試験販売したデータを手に入れれば、おそらく実態がわかるんじゃないか？」

「そのほうがいいかもね。でも**店ごとに状況は違うし、試験販売のデータと本格的な発売後、宣伝後、商品が知られるようになって新しさが感じられなくなってからのデータも違う**。だから必要なのは、顧客の意見、店頭での販売データ、商品のつくり手のビジョンを大筋で矛盾しないようにすることよ。いずれにしても、需要曲線が最重視されるべきではないわ。別の例で説明するわね」

マギーは、２９０円と書いたエリスを呼んだ。

「あなたの書いた２９０円という金額は、ほぼ発売予定価格なのだけれど、もしいつも利用する店の通常価格が２９０円で、その途中にある店の価格が１５０円だと気づいたら、それでもいつもの店を利用する？」

「もちろん店を変えるわ。１４０円も安いのだから」

「そうよね。でも、その店に行ってみると、150円の商品は量が少なくて、チョコレートの味が好みでなかったとする。ところで、あなたのお気に入りの味は？」

「ビターなのが好き。いつもはオーガニックのものを買うわ」

「じゃあ、定番の板チョコ味だとする。それでも買う？」

「そのときの気分ね。でも買うのをやめて、元の290円の商品にすると思う」

マギーはエリスとの話を終えた。

「需要曲線の問題点がわかったでしょ。もともと290円支払ってもよいと思っていた顧客がいるのに価格を150円にすると、確かにジョンともう1人の顧客は買ってくれるけれど、エリスには値引きすることになってしまうわ。エリスが言っていたように、290円支払うつもりでも、それより安ければ当然安いほうを選ぶのよ」

「じゃあ、どうするつもり？　もし290円で売れば、2人の顧客を失うよ」

「そのとおりね。本当は顧客1人ひとりの意見を聞きたいの。店に入ってきた人に支払う価格を聞いて、その価格にする。そうすれば一番高い金額にできるわ。もし56円未満で商品をつくれれば、56円をつけた顧客にも買ってもらえる。そうなれば、ジョンに150円払ってもらうとして、4人からの売上は656円なので、最初に決めた価格より50％以上増える」

「自分が支払う金額を言って、その価格にしてもらう人なんていないよ。店側だって相手によって値札を変えたりできないよ」

「確かにありえないわね。でも、そこが知恵の働かせどころ。ほかの人よりもエリスが高い価格をつけたのは、高く評価しているポイントがあるからでしょ。それが何かわかれば、それぞれの顧客にふさわしい商品をつくって、価格を変えられるわ。エリスにはオーガニックのティーポット、ジョンには定番の板チョコ味のティーポット、56円の人にはベーシックなものを売れば、それぞれの金額を支払ってくれるから収入は最高になるでしょ」

「もし290円支払うつもりの人が、本当は定番の板チョコ味が好きだったら?」

「その人が高く評価している別のポイントを探す必要があるわね。高品質なミルクチョコレートバージョンもつくれるし、高級なブランドイメージをアピールすることもできるし、サイズを大きくしてもいい。そのためには市場調査が役に立つわ」

「顧客の心理を聞き出して、本当に求めているものを探ることだね。そのためには単に金額を聞くより、顧客がどんな商品を選ぶかを理解しないとね」

＊　＊　＊

マギーの発想は、あらゆる業種に応用できる。どんな市場も顧客は多様である。商品に対する評価の高い、あるいは単に富裕層であるという理由で抵抗なく多額の支払いをする顧客もいれば、多額の支払いを避けたい、あるいはできない顧客もいる。そのため一般的な商品を販売しているのであれば、マギーのような商品の差別化をすれば、富裕層からの利益を増やせる。

弁護士やコンサルタントの場合、あらかじめ予算別の見積表を用意しておけば手間を省ける。顧客の想定予算に応じて、それぞれの価格を決めておけばよい。ただすべての顧客の予算がわかるとは限らない。予算があっても教えてくれない顧客もいれば、ジョンのように実際の商品やサービスを知らないので、予算を決められない顧客もいる。

そのような顧客のためには、マギーのティーポットの事例のように、多様な選択肢を用意し、予算にあわせて選んでもらえばよい。たとえば公開入札で入札予定価格が700万～1400万円と公示されているため、クライアントの概算予算がわかるケースもある（競争見積価格を手に入れていながら、正式にはその金額を公表しない入札方法もある）。そのときは、予算の範囲内で3種類の選択肢を提示する。まったく予算の想定がつかなければ、広い価格帯をカバーする幅広い選択肢をつくればよい（第7章の「コンサルティング料のアンカリング」106ページを参照）。

それらを需要曲線で説明すると、左図のとおりである。

売上は、グラフ上の3種類の長方形のうち1種類だけではなく、それらの組み合わせになる。結果的に、総売上は50％近く増えるケースが少なくない。

最初に見た数値や情報が印象に残り、それが基準点（アンカー）となって、その後の判断が左右される心理現象を「アンカリング効果」と呼ぶ。詳しくは第7章で解説するが、ここで説明した差別化とアンカリングとの違いは、顧客側は支払うつもりの価格を決めているにもかかわらず、販売する側はその金額を把握していない点である。逆に顧客側が支払金額をまったく決めておらず、販売する側がその金額を設定したい場合は、アンカリングのほうが有効である。

需要曲線

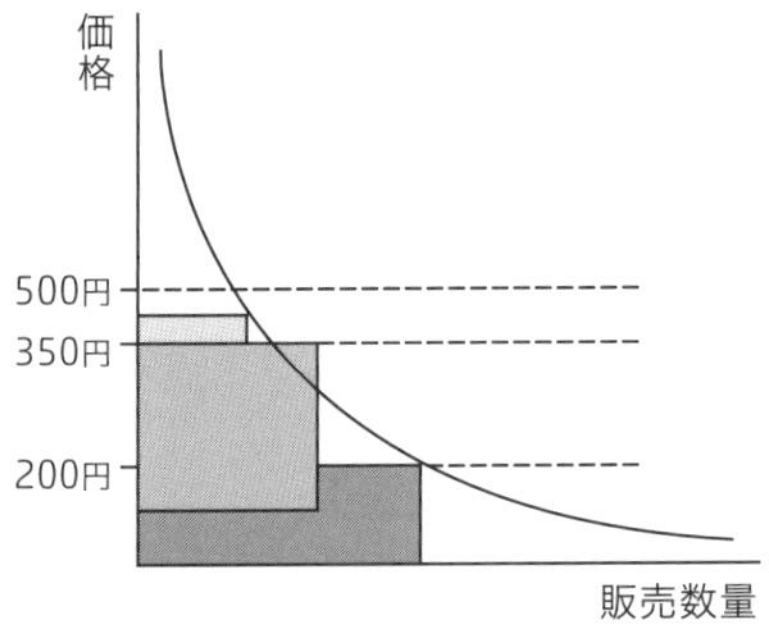

本章で説明したような価格設定をする場合、低価格商品のブランド名を変える企業もある。なかでもファッション業界はその傾向が強く、一流デザイナー（ジョルジオ・アルマーニやダナ・キャランなど）は「ディフュージョン」ブランドをつくり、ブランド名を使いながらも明確に差別化するケースもある（エンポリオ・アルマーニやDKNYなど）。ファッション通の顧客は、オリジナルブランドと「ディフュージョン」ブランドではデザインや

製法が違うことを知っているので、低価格商品が販売されてもブランドイメージは低下せず、ディフュージョンブランドも元のブランド名を一部流用できる。

Case study

宝飾品の「価格の差別化」

宝飾品メーカーLMの顧客には、商品を身に着けてくれる個人と、商品を販売してくれる小売店の2種類がいる。ここでは、わかりやすいように個人顧客について考える。小規模な小売店の多くは、卸売価格の2倍の小売価格を設定しているだけなので、LMは小売店を通じて商品を販売していても、個人顧客への最終価格の決定権を掌握している。

宝飾品の価値を決めるひとつの要素は、素材の希少性であり、ルビーよりダイヤモンド、シルバーよりプラチナを使ったもののほうが高価である。しかし、素材の原価は価格の一部にすぎず、実質的に価格を左右するのはデザイナーや職人の技術である。

したがって、それぞれの宝飾品の価格次第で、顧客からの評価を変えられる。

これまでと同じように、まず顧客にとっての価値を分析してみよう。

■本人を美しく見せる
■恋人に大切なプレゼントだという印象を与える
■友人に自慢する
■記念品にする
■関係のシンボルにする

これらの価値は、それぞれにふさわしい価格のものを選べば、うまく伝わったり、強調したりできる。

具体的な事例で説明してみよう。「本人を美しく見せる」という価値は、本人以外によって満たされるケースが多い。たとえば恋人にブレスレットやネックレスを買う場合である。通常そのような買い物には強い不安を感じ、相手が本当に気に入ってくれるかどうか確信を持てない。

価格は、そのような状況に**「暗黙の安心感」を与えるには便利なツールである。**宝飾品メーカーは、受け取る側の個人的な好みを知らなくても、一般的な顧客の好みを知っているという有利な立場である。そこでＬＭは、たとえばブレスレットであれば1万2800円から3万5000円、5万4800円、10万5000円という価格帯の異なる商品をつくっている。男性がゴチャゴチャした野暮ったい最低価格のブレスレットを選ぶのは、相手が本当に気に入る場合もあるが、新しい恋人に贈るには、ふさわしいとは言えない。

価格が高くなるにつれてシンプルで伝統的なデザインになり、高級品には丁寧な細工が施されている。細部にデザインの微妙なニュアンスや違いがあらわれ、派手に誇示されていない。

純粋な美的価値について評価する自信のない買い手の多くは、価格を基準に一番美しいブレスレットを判断する。また、誰もわからなければ、店側は1万9800円の商品を1万6800円に値引きしていることにし、3万5000円の商品は4万円からの値引きだと表示する。

定価販売の商品であれば返金は可能なので、受け取った側が気に入らなければ返品して交換してもらえばよい。しかし、セール商品は対象外になるので、相手の好みを間違いなく把握している場合以外は、やはり高価格な商品を選ぶ。

価格の差別化を成功させるには、価格以外の商品特性を価格に見合ったものにしなければならない。そのため10万5000円のブレスレットは、プラチナや高品質のゴールド製で重みがある。一方、1万6800円のブレスレットはシルバー製だったり、薄く重厚感のないゴールド製だったりする。

商品を提供する側が、最高級品以外を戦略的につくるのに前向きでない場合もある。しかし、価格と品質の絶妙な組み合わせによって、可能な限り多くの人たちが商品を購入できるようになるというのは、経済理論上も正しい。

LMの場合、高級ブランドとしてのイメージを維持し、高額品は高品質であると強く印象づけるため、1万6800円のブレスレットのブランド名を変える判断をした。ポジショニング上は賢明な選択だ。今後、ディフュージョンブランドを立ち上げれば、手ごろな品質のアクセサリーを多くの顧客が買い求めやすくなる。

How to apply it

実践してみよう

この章で紹介した手法を各自の商品で応用するには、把握しておくべきポイントが2点ある。

まず、**どれぐらいの価格帯であれば潜在的な顧客層が支払ってくれるか？** また、**顧客が高く評価し、顧客の好みにあわせて差別化できそうな要素とは何か？**

それらを理解するには、顧客との対話が欠かせない。私の場合、さまざまなインタビュー手法を使って、顧客が本当に払ってもよいと思っている金額を聞き出す。ただその額を聞くだけでは、あまり意味がない。次の章およびウェブサイト（www.psyprice.com）では、具体的なインタビュー事例を紹介している。さらに詳しいアドバイスが必要な場合は、ウェブサイトに連絡先も記載している。

顧客の評価ポイントが比較的簡単にわかる場合もある。顧客の立場になって購入する理由を考えれば、多くのことがわかる。そのプロセスを「**価値予測**」と呼ぶ。これは本書の内容の基本作業なので、できるだけ早く実践し、価格設定のさらに高度な技法を学んでもらいたい。次ページの表のように商品やサービスに対する顧客の評価を記録してみよう（295ページ参照）。

最初にいくつかの価値を記入しておく。その表を持って顧客や潜在顧客にインタビューし、商品やサービスを選んだ理由を聞き出す。おそらくそれまで**考えもしなかった価値を指摘されるはず**だ。あらかじめ想定していた内容であれば、2行目に印をつけ、回答の頻度を記録する。そうしておけば、その意見がどれだけの顧客にとって重要かがわかる。

インタビューのスタート時点では、記入表を見せないほうが予想していなかった意見を聞きやすい。もしコメントを聞き出せそうになければ、表を見ながらすでに記入してある内容について賛否を確かめる。念を押しておくが、期待以上の答えが返ってくるはず！　私の場合、通常20〜30の価値を記入してから顧客の意見を聞くようにしている。

顧客の評価ポイント

価値	頻度
チョコレートの品質	下
高級なブランドイメージ	一

インタビュー後、上位の回答を選び（5項目程度）、それらの価値を連想させる商品を別の潜在顧客に聞いてみる。そこから各自が設定する価格帯のヒントを得られる。

次に、**差別化する要素としてふさわしい付加価値をピックアップする。**商品やサービスのパッケージデザインを工夫すれば、別の価値もアピールできる。たとえばチョコレートの場合、顧客にとっての一番の価値は、「おいしい」「楽しい気分になる」「カカオ農家を搾取しない」「環境にやさしい」などだが、パッケージや味の表現を工夫すれば、高級感ただよう高額商品に演出できる。また、農家への補助金付きの「スーパーフェアトレード」商品の開発も可能だ。あるいは価格に敏感な顧客をターゲットにしたオーガニックにこだわらない商品を発売してもよい。

第3章のまとめ

●顧客によって予算は異なり、商品に支払ってもよいと考えている金額を調べればその違いがわかる。

●最大利潤を探求し、購入客を確実に増やすには、多様な価格帯の商品をつくり、高額予算の顧客の支払金額を増やさなければならない。その仕組みを**価格区別**あるいは**価格差別**と呼ぶ。

●高額予算の顧客の支払額を増やすには、商品を差別化し、そのような顧客が魅力を感じる高額品を提供すればよい。

●商品の差別化策を考えるには、商品が顧客に提供している価値を探り、それらに差をつけた商品ラインナップをそろえる。

●富裕層に抵抗なく高額商品を購入してもらうためには、あえて低価格商品の魅力を下げなければならないケースもある。

第4章

マーケットのセグメンテーション

顧客の決定はじつに「不合理」

「顧客は自分の考えをわかっていないし、自分がわかっていることを言わないし、言ったとおりに実行しない。市場調査は、実態とは違う3つの側面を、段階を追って調べる作業である」

広告会社オグルヴィ・アンド・メイザーの創業者　デイヴィッド・オグルヴィ

次にマギーと会ったのは、街頭インタビューのときだった。インタビューに同行しながら、質問に答えてみた。

1.　どれぐらいの頻度で紅茶を飲みますか？
　2〜3日に1回
2.　普段どんな紅茶を飲みますか？
　ブレックファーストティーやダージリン。たまにペパーミント。
3.　どこで紅茶を買いますか？

総合スーパーかカフェ

4. 紅茶で連想するのは、どんな出来事や気分ですか？
就寝前のリラックス時の飲み物、職場でコーヒーを飲みすぎたときの飲み物

5. 紅茶を飲まないとすれば、何を飲みますか？
ノンカフェインのコーヒー

6. 紅茶と一緒に何を食べたり、飲んだりしますか？
ベーコンロールかクロワッサン

7. 1000円あるとします。それで紅茶を買ってきてほしいと頼んだら、どこに行きますか？
たぶんスターバックス

8. そこでいくら払うと思いますか？
200円ぐらいかな？

マギーは隣接する2カ所の通りでインタビューしているが、回答は明らかにインタビュー場所に影響されている。一方の通りにはスーパーがあるので、1000円あればスーパーに行くと答え、隣の通りには、向かいにスターバックスがあるので、スターバックスに行くと回答す

る。

「ほとんどの人たちは強いこだわりがあるわけでなく、いつも買っている商品さえ覚えていないものよ。だから**質問の仕方や質問場所を変えれば、簡単に答えは変わる。市場調査でわかることのひとつは、質問の答えではなく、意見を変えることの簡単さよ**」

「質問する場所によって答えの変わる人が60％とすれば……」

「商品を購入する場所を教えてくれた人のうち、それだけの回答が疑わしいはずね。でも販促計画や広告を考える上では、十分役に立つデータだわ」

その日は約40人にインタビューし、オフィスにはさらに200人分のデータがあると言う。翌週マギーを訪ねると、その一部を見せてくれた（次ページ表）。

「これからはターゲットを上位2つのセグメントに絞っていくつもりよ。それぞれにふさわしい商品には違いがありそうだから、別々のチョコレートを使って、茶葉もまったく違うものにする予定なの。いまの段階では、低予算の顧客はあまり重視していないわ。将来的にはそれらの顧客向け商品も開発するかもしれないけれど、スタート時点ではどんな商品を提供しても利益は得られないと思う」

ターゲットのセグメンテーション

セグメント	抵抗なく払う金額	その他の特性
1	280～490円	高級な紅茶愛好家。チャイラテや専門店のハーブティー、フローラルティーを好む。
2	140～210円	紅茶を習慣的に飲む。1日に数回飲むこともある。
3	70～105円	砂糖入りの「ビルダーズティー」〔とにかく濃いだけの紅茶〕を好み、朝の目覚めに紅茶を飲む。
4	7～21円	テイクアウトの紅茶は買わない。オフィスや自宅では、いつも自分で紅茶を淹れている。

＊　＊　＊

セグメンテーションは、**価格戦略上の重要な作業である。潜在顧客の価格に対する感度、つまり支払許容限度額**（**Willingness-To-Pay：WTP**）を知っておかなければならない。その価格帯は、ティーポットのように、はっきりといくつかに分かれることが多い。その基準になるのが、当該の商品やサービスとの比較対象である。

単一商品を複数のWTPグループに販売するのは容易ではない。ある顧客層を350円で確保できているとき、同じ商品の40円版も売り出すのは危険である。おそらく顧客は安いほうを購入するようになるので、その販売量が膨大に増えない限り、350円のものを購入していた顧客からの減収分は埋め合わせできない。

商品の独自性が強ければ、高額な金額を支払ってくれるセグメントをメインターゲットにすべきである。競争が激しい場合、市場拡大のための価格設定を考える必要があるかもしれないが、競争相手が少なければ、高価格設定のメリットは大きい。

そのためにも、潜在顧客のセグメンテーションは大切だが、簡単な作業ではない。既存顧客が本当は支払金額を増やしてもよいと思っているかどうかもわからないのに、顧客になっていない人たちに仮定の状況についてインタビューしても、正確な答えは期待できない。

そのため、マギーの質問7や質問8のような項目の意義が大きい。質問7は、実際に購入する状況に比較的近い設定で具体的な判断を聞いており、聞かれたほうは、少なくとも実際に商品を購入する場面と同じ心理状況になる。その上で質問8の金額を聞くと、正確な回答に近くなり、本当に払うつもりの金額から大きく離れない。

たとえば「この商品にいくら払いますか?」という直接的な質問はリスクが高い。相手は、仮定の状況でどんな行動をするか予測しにくいだけでなく、価格を下げてもらおうという思いから、意識的に低い金額を答える。したがって、顧客が商品を購入するプロセスや心理状況をできる限り再現した質問内容を考えなければならない。

How to apply it

実践してみよう

68〜69ページに基本的なアンケートを用意したが、それぞれ自由に修正を加えてもらいたい。各自の商品に対する意見が違う顧客をグループ分けし、それにあわせて内容を変更しよう。その上で、できるだけ多くの人たちにインタビューする。少なくとも各グループ10人に意見を聞くべきだが、もし時間と忍耐力があれば、さらに多くにインタビューをするほうがよい。

そのとき、章のはじめに紹介したデイヴィッド・オグルヴィの言葉を忘れてはいけない。**顧客は、実際に商品を目の前にしたときの態度を自覚しているわけではなく、その態度を正直に話すわけでもない。**したがって、できる限り実際の状況を再現しながら質問するように心がける。具体的な手法をいくつか紹介しておこう。

■相手に第三者の立場になってもらう。たとえば、本人だったらどうするかではなく、友人だったらどうするかを聞く。そうすれば当事者にならなくてよいので、みずからの行動を想像しようとして先入観や主観が入り、実際とは違う回答をすることもなくなる。

■相手に現金を渡し、各自が想定しているジャンルの商品を購入してもらう。相手は受け取った現金を自分のもののようには扱わず、気を遣って本当は欲しいと思わないようなものを買うという問題点はあるが、仮定の想像をしてもらうだけよりは、かなり実際の行動に近づく。

■相手に判断してもらうのにふさわしい環境づくりをする。たとえば贅沢な家事代行サービスについてのインタビューでは、実際に5つ星ホテルを予約して、想定しているブランドイメージを伝えようとした。コーヒーの新商品についてのインタビューであれば、カフェで行うのもよい。

◎アンケートのサンプル

各自の商品やサービスにあわせて内容を変更してもらいたい。その方法は、ティーポットのアンケート項目を参考にすればよい。

■このような商品やサービスを、どれぐらいの頻度で購入（あるいは利用）しますか？

■普段どんな商品、あるいはブランドを購入しますか？

■どこで購入しますか？

■この商品を使うとき、どのような出来事あるいは感情が思い浮かびますか？

■この商品を買わないとすれば、代わりに何を買いますか？

■この商品と一緒に何を買いますか？

■もし1000円（あるいは別のふさわしい金額）を渡して、その予算内でこの商品を買ってきてほしいと頼めば、どこで買いますか？

■その場合、いくら支払いますか？

In focus

98円戦略は効果があるか？

一般的に、価格は98円、198円、180円など8や9、80で終わっている場合が多い。それは本当に意味があるだろうか？（原文は「99ペンス」だが日本市場にあわせて変更した）

周知のとおり、昼食用のサンドイッチでも、ステレオでも数々の価格の末尾が端数になっている。車の価格まで330万円ではなく328万円の場合がある。だが、それによって売上には本当に大きな違いがあるのだろうか？

確かに調査では実証されているようだが、こうした端数価格がいつ始まり、なぜ効果的なのかについては共通の見解があるわけではない。通説によると、導入のきっかけは売上を増やすためではなく、従業員の横領を防ぐためである。顧客が99セントの商品を買うために1ドル払えば、キャッシャーはレジを開けなければならない。そのときレジは音が出る仕組みになっているので店主が気づき、1ドルを着服できなくなるのだ。

この説に明確な裏付けはないが、強い説得力がある。

さらに納得がいく心理的な説明もある。**人は簡単に意思決定できるように、おおよその**

価格帯を設定してパターンごとのルールを決めている。たとえば298円のサンドイッチは「200円グループ」になるが、310円のものは「300円グループ」に入るので、設定価格が200円程度であれば、強く意識せずに購入候補からはずしてしまう。それを裏付けるのがロバート・シンドラーの実験である。被験者に20ドルと25ドルの商品を比較してもらったところ、その価格差は小さいと認識された。ところが価格を1セントずつ安くして、19・99ドルと24・99ドルにしたところ、その価格差はかなり大きいと感じられ、価格が安いほうを選ぶ確率が大幅に上がった。

確かに、人は意識的に数字を記憶しなくても、無意識に理解できる。おもしろい事例として、ミシガン大学ビジネススクールのキャサリン・ハーンの検証がある。たとえば、ちょっとした汚れや減り具合以外はほとんど差がない2つの消しゴムのように、ほぼ同じ2つの選択肢を提示する。被験者に自発的に選んでもらうと、五分五分の確率でいずれかを選ぶ。ところが2つの消しゴムを大きな数字9の左右に置くと、右側のものを選ぶ確率がかなり高い。数字を1に変えると、左側の消しゴムを選ぶようになる。この実験では数字以外は変わっていないので、人は無意識に左から右に向かって1から10までの数字を並べており、与えられた具体的な数字を手がかりに左右を判断するという仮説が成り立つ。文字を右から左に書く文化では、逆の効果があるのかどうかはわかっていない!

　このように端数価格は効果的だと実証されている。競合商品と比較される可能性があるときは、1円値引きすれば買ってもらえる確率が上がるだろう。ただし（レストランのメニューのように）顧客が複数の自社商品から選択する場合は、端数価格がついた低価格商品に誘引されてしまう可能性が高く、逆効果になりかねない。

第4章のまとめ

●既存顧客や潜在顧客へのインタビューは、購入予算を知る上で重要な作業である。

●ただし、その内容を文字どおりに解釈してはいけない。相手の回答には本当の思いが映し出されているが、その行間も読む必要がある。

●アンケートから読み取れるのは、どんなアンケート内容やどんな状況が回答内容に変化を与えるかである。どうすれば相手の判断に影響を与えられるかを読み解くきっかけは、そこにある。

第5章

バイアスとの戦いと公平さの追求

マーケットには価格の「壁」が潜む

マギーにとって顧客以上に手ごわい交渉相手は、スーパーやカフェチェーンの仕入れ担当者である。

一部のバイヤーたちの驚くような態度を紹介しよう。

まず異口同音に「そんな価格では売れない」という反応だ。「紅茶だったら、うちの店の紅茶と同じような価格でなきゃ」、「40袋入りリプトンと同じ棚に1個が同じ価格の商品は並べられない」と意見する。

消費者アンケートのデータは無駄ではないが、相手を説得する材料にはならない。単なるデータでは、強い思い込みは変えられないのだ。

スーパー側の4個入り168円という売値を受け入れれば、1個あたりの卸値は28円以下になる。カフェ側の店頭価格は少し高く1個あたり200円だが、高額なマージンを要求され、やはり卸値は49円まで下げなければならない。

そこでマギーはリスクを覚悟した。スーパー大手4社のうち1社が、当初の半値でなければ店頭に並べないと言うので、マギーは立ち上がって部屋から出て行った。新規取引でのその行動は信じがたいが、結果的にほかのスーパーとの交渉は優位になった。

交渉に戻ったマギーは、定価で売れなければ在庫を引き取る約束をした。さらに発売から半年間、販促活動に参加するという条件で、うまく交渉をまとめた。1社からの発注後、すぐにほかの2社からも注文を受けた。

翌週には、食品大手の系列カフェチェーンが、6店舗でチョコレートポットをメニューに加えることを決めた。

発売日は9月1日に決定し、誰もが緊張して成行きを見守った。

＊　＊　＊

業界関係者に、自分は信用できる人物だと納得してもらうのは、何よりも難しいことかもしれない。

通常、関係者たちは価格設定について知っているつもりになって、直近のクライアントとの厳しい価格交渉を思い出し、それがすべてにあてはまると思い込む。ところが価格交渉が難航したのは、じつは相手ができるだけ低価格のものを求めていたからというケースが少なくない。**人はすぐに思いつく経験を典型事例だと思い込んでしまう傾向がある**ため（いわゆる**利用可能性**《アベイラビリティ》**バイアス**）、相手に市場全体を冷静に見てほしいと思っても、実際には一筋縄ではいかない。

そのような交渉が特にスムーズに進みにくいのは、相手が自分の意見を言っているのではなく、顧客が払うはずの金額を伝えているだけだと主張するからだ（本当にそう信じている）。「顧客はチョコレートポットを高級品と思わない」と言い切るスーパーの担当者や、「クライアントがあなたの専門知識に払う対価はせいぜい1日8万円」と断言するコンサルタントは、いずれも具体的な根拠なく自分の思いに固執しているものである。

同様の意見として、**公正価格**という考えも聞く。**価格は、商品の供給および流通に必要なコストや時間と、需要とのバランスが公正に保たれたものであるべき**だとする発想である。その概念は、はるか昔の13世紀に聖トマス・マクィナスが提唱している。誰もが価格は公正であるべきだと思いながら、供給側の主張を聞こうともせず、値下げばかりを主張するケースが多い。ただ、顧客保護の立場を主張し、供給側が予定している利益率についておそらく顧客よりも習熟している第三者は、顧客に代わって公正価格を求めようとする。

現代の経済理論は公正さをそれほど重視していないが、**顧客は公正な価格設定を強く望んでいる**。したがって**常に合理的な価格設定を行い、積極的に顧客の立場を守ることが大切**である。

そうすれば消費者保護団体や小売担当者との交渉もスムーズに進む。担当者が顧客から価格の根拠を聞かれても、明確なデータがあるので安心するからだ。実際に顧客が価格について質問するケースは少ないが、取引先との関係を続けるには、相手の不安解消に努めるのが得策である。

もうひとつ多くの新規ビジネスが陥りやすい間違いは、自己評価が低すぎることである。なかでもコンサルタントやフリーランスとして独立した人は、自分自身の時間が1日あたり何万円あるいは何十万円もの価値があるとは信じられない。本書は自信を持ってもらうのが目的ではないが、次に挙げる重要な事実を思い出してみよう。

■クライアントに数時間かけて提供する専門知識は、きわめて価値が高いはず。したがって、提供する側は相応の金額を受け取る資格がある。

■価格が低すぎると、クライアントは価値のないアドバイスだと感じてしまう。そうなるとアドバイスに従わない。それはクライアントの利益になるだろうか？

■かならず市場には、自分よりも価格を高く設定する人もいれば、低く設定する人もいるので、自分自身にふさわしいポジションを確保すべきである。みずからの専門知識は上位20％に入っているだろうか？（そうでなければならない）

最終的には、自分が設定した価格には責任を持たなければならない。提供する価値に確かな自信があれば、その価値やポジショニングに対して顧客にも納得して対価を支払ってもらえるはずである。取引相手には、その価値を伝えてもらうためにマーケティングの支援を行い、わかりやすい販売用マニュアルを用意しなければならない。その主導権を握れれば、取引先にも協力してもらいやすい。

Case study

専門コンサルタント会社と代理店

リーダーシップ研修を専門とするコンサルタント会社マックコンボ・アソシエイツ社は、クライアントと直接取引するケースもあるが、大手経営コンサルタント会社からの請負業務のほうが多い。ここでは、その大手企業をエクサイジエント社としておこう。エクサイジエント社には独自の価格基準があり、担当コンサルタントによって1日8万〜10万円をクライアントに請求する。

あるグローバルな金融機関から依頼された中国での新規ビジネスのコンサルティングでは、ヨーロッパ人幹部を対象とした中国人スタッフのマネジメントおよび中国人政府関係

Chapter 5

者とのコミュニケーションに関する研修も含まれていたので、マックコンボ社に協力を求めた。

マックコンボ社は、その研修を成功させれば、クライアントに提供できる価値はきわめて大きいと自覚していた。中国でのビジネスに参入できれば数千億円の利益につながるはずだ。そこで幹部のヴィクトリア・マックコンボは、優秀なコンサルタントたちに業務を担当させ、相応の報酬を得ようと考えた。そのためエクサイジエント社に、クライアントにとっての価値を基準に研修の見積書を提出した。一部プロジェクトの成功報酬制とし、最高額は約3360万円であった。

エクサイジエント側は、その料金算出基準は理解したが、クライアントは1日あたりの価格でしか料金を支払わず、1日9万円が上限だと強く抵抗した。マックコンボ社はプロジェクトに必要な日数を80日と想定していたので、そうなると最大でも720万円にしかならない。クライアントに提供する価値にくらべて少なすぎる。しかも、その金額で優秀なコンサルタントを派遣すると利益にならない。エクサイジエント社に1日あたりの金額を引き上げてもらうか、プロジェクト一式での費用の支払いを認めてもらえなければ、経験の浅いコンサルタントに担当させ、業務の質を下げざるを得ない。

プロジェクトの予算総額をエクサイジエント社に問い合わせると、1億4000万円程度だが、必要に応じて大幅増額が可能だという。そこであるアイデアがひらめいた。

問題はプロジェクトの総額ではなく、コンサルタントに支払う1日あたりの金額に組織としての上限金額があることだったのだ。仮にプロジェクトに費やす日数を増やして利益を得られるのであれば、請求総額を増やし、クライアントに提供する価値にふさわしい金額を支払ってもらえる。そのため市場調査の実施を提案した。

具体的には、マックコンボ社の学生調査員が1日あたり8万円で300人日かけて中国市場を徹底調査し、担当コンサルタントおよびクライアントへの報告書を作成するという内容である。コンサルタント業務を1日あたり9万円とすれば（プロジェクト日数80日）、総額は3120万円になる。学生の実質経費はわずかなので、そこから得られる利益で優秀なコンサルタントを派遣できる。

エクサイジエント社とクライアントは、いずれもプロジェクト料金を大幅に上回る価値を得られることを納得し、その仕組みによって契約条項に入っていた1日あたりの費用の上限もクリアできた。

How to apply it

実践してみよう

第1章で作成したマトリックスに戻り、それぞれの価値に支払ってもらえそうな最高金額を計算しよう。

できるだけ高額のサービスや最高級の商品をイメージする。たとえば提供する価値が顧客を美しく見せることであれば、最高級のオートクチュールドレスやダイヤモンドがちりばめられたネックレスを想像すればよい。あるいはクライアント企業の利益を500万円増やすことが価値であれば、400万円を投じて500万円の利益を得る取引を想定すればよい。

想定より低額な費用で想定以上の利益を得られる可能性があるので、それほどの多額な請求はしないかもしれないが、少なくとも高額費用の請求を正当化できる。もしダイヤモンドのネックレスに抵抗なく2500万円支払う顧客がいれば、基本的には同じ価値を別のクライアントに提供して1100万円請求しても批判されないはずだ。

それぞれの価値の金額を計算できれば、それらを合計しておく。もし価格の説明を求められれば、根拠として使える。

次にマーケットのセグメンテーションに戻ろう（第4章）。各自が設定しようとしている金額を顧客が実際に支払うという裏付けになる。もし顧客が支払わないことがわかれば、設定価格を引き下げるか、ふたたび市場調査に出かけて詳しい意見を聞く必要がある。その際、**人は提示された金額に影響されることを忘れてはならない。しかも商品にいくら支払うか聞かれると、本当に払うつもりより低い金額を答える。**仮にその答えを500円としよう。同じ人物にその商品を1500円で売れば、おそらくその金額を支払う。したがって正確に調査するには、相手に金額を答えてもらうのではなく、質問に具体的な金額を入れておくことである。

最後に、売上に対してどれだけのリスクを取るつもりがあるかを考えよう。設定した金額で商品が売れなければ、返品を受け入れられるか？　商品の価値や、設定価格の妥当性を証明できるか？

第5章のまとめ

●一般的に、人には価格に対する思い込みがあり、それを変えるのは簡単ではない。

●その根拠は、公正さの概念や、ほかの人たちが抵抗なく支払うと思う金額である。

●仲介業者、流通業者、代理店は顧客心理を理解しているわけではない。

●それら取引先の思い込みをなくし、望みどおりの価格で商品を発売するためには、具体的なデータを提示するとともに、在庫の引取りといった、なんらかの保証を提供しなければならないときもある。

第6章

記憶と期待

新商品の価格設定をリフレーミングする

9月1日午前7時。チョコレートポットを発売することになっているカフェチェーン、コーザノーストラのオープンと同時に店に入り、最初の顧客の反応を確かめる。

新商品のPRスタンドは効果的だ。来店客がチョコレートの品質と上品な茶葉の香りを楽しめるようになっている。試飲してみたスタッフも、積極的に来店者にチョコレートポットをすすめている。ただ、やはり朝の定番エスプレッソの注文には押され気味である。

マギーからもらった試飲券で1杯注文し、カウンター近くの席で顧客の声を聞くことにする。

初日の注目すべき印象は、顧客は価格をさほど気にせず、むしろ強い好奇心を見せていたことだ。エスプレッソベースのコーヒーとあまり変わらない価格設定になっているので（280〜420円）、一度飲んでみようという顧客には受け入れられているようだ。

午前中に訪れた店舗では独自に返金制を実施し、商品に満足できない購入者に代金を返却していた。返金制のない別の店舗にくらべると、売上は2倍にもなる。**新商品を試してみるとき**

に感じるリスクは、少なくとも代金を保証することで大幅に軽減されていた。

翌日からも店を見て回ると、新商品を検討してみるが、その日は購入しない顧客がいた。慣れるのに時間がかかると感じているようで、「とてもおもしろそうな商品だけど、やっぱりエスプレッソだわ」という声が聞こえた。

あらかじめ購入するものが決まっている客層の判断を変えるのは、簡単ではない。何にしようか決めていない人たちに新商品を紹介するほうが、購入確率は格段に高い。前日見たユニークなチョコレートポットを翌日に試してみようとする顧客もいれば、3〜4日前にPRしていたのを思い出して飲んでみる顧客もいるだろう。新商品が顧客の選択肢として根付くには時間がかかる。なかには決して根付かない商品、決して購入しない客層も存在する。

翌週には店頭販売が始まるスーパーに出かけた。売れ行き好調とはいかない。ジュースやヨーグルトを買いに来た数人が手に取ってみるが、最初の購入者があらわれるまで1〜2時間かかった。その顧客をなんとか見つけて購入理由を聞いてみると、カフェで試してみた商品で、自宅でも飲んでみようと思ったそうだ。やはりカフェで紹介するという作戦が成功したようだ。

数週間後、スーパーでの売れ行きも少しずつ伸び出したが、予想外の事態が起こった。220

円のSサイズが売り切れ、280円のLサイズが売れ残るようになった。

「Lサイズがもっと売れるように、Sサイズの値上げを考えているの。Sサイズばかりが売れて、店側の売上目標も達成できないし。でも値上げすると顧客離れが起こらないとも限らないし」

「売上を伸ばすために少し顧客離れが起こるのは、深刻な問題じゃないだろ？」

「普通なら気にしないけれど、この商品にとっては大切な時期かもしれない。ちょうど**最初のロイヤルカスタマーの基盤ができはじめたタイミングだから、その機嫌を損ねることは絶対避けたい**の。でも価格にこだわりすぎると、損失になるかスーパーからの注文を失ってしまいそうだし」

「じゃあ、どうするつもり？」

1週間後、マギーの決断がわかった。**スーパーには新しく3種類の商品が並んだ。**Lサイズのチョコレートポットに、ワンランク上の商品として単一農園で収穫されるシングルエステートのエクアドル産チョコレートタイプ、ホワイトチョコレートタイプが加わり、どれも290円から340円の価格である。もとのLサイズ商品は280円のままだったが、売れ行きは改善していた。

それから1週間後、マギーから売上状況のメールが届いた。「作戦成功！　顧客1人あたりの売上は12%増」。商品のリフレーミングが奏功し、顧客離れなく売上が伸びた。

＊　＊　＊

新商品の発売は、顧客に期待を抱かせる大切な瞬間だ。その商品に対する思いが一度確立してしまうと、簡単には変わらない。

新商品を購入するとき、それによってどんな経験ができるかを具体的に予想することは難しい。したがって、過去の記憶に頼らなければならないが、**商品やサービスについての過去の記憶は、いろいろな断片的特性が入り交じっており、あてにならない**。おそらく次に同じ経験をしても、過去と合致する点はほとんどない。天気が違うのだろうか？　気分が違うのだろうか？あるいは疲れ方が違うのだろうか？　ただし過去に支払った金額の記憶はひとつであり、たったひとつの数字である。**今日の価格と先週の価格の比較は、今日と先週の商品に対する主観的判断の比較よりずっと簡単**なのである。

そのため、価格の変更は難しい。同じ商品の価格が昨日より値上がりしていれば、（たとえわずかな金額であっても）顧客が商品を購入しない明確な理由になる。何かを判断する理由の重要性は、簡単に順位づけできないが、**賛否の理由となる「数」の比較はたやすい**。わずかでも価格が上がれば購入をやめる理由になり、逆にわずかでも価格が下がれば購入する理由になる。

したがって、原材料費の高騰や現行価格では対応しきれない需要の多さなど、どれだけ正当な値上げであっても売上には悪影響をおよぼす。有効な対策は、**商品に修正を加え、単純に価格の新旧比較ができないようにすること**である。それを意思決定の**リフレーミング**（枠組みの変更）と呼ぶ。

具体的には、サイズの変更や製品機能の追加が一般的である。ほかにも通常価格を値上げしながら、期間限定の割引を実施する。そうすれば価格が頻繁に変わるので、顧客の記憶に残りにくくなる。

近隣のスーパーへ出かけたとき、2Lサイズのペプシとダイエットコーラの価格をチェックしてほしい。私の地元のスーパーでは、この2カ月間、198円から280円の間で推移している。2本で420円の場合もあれば、セール価格で通常260円を210円に値下げしていたり、工場の出荷段階で250円の特別価格が印刷されていることもあれば、店頭で280円のラベルがつけられていたりする。ときには1本290円や4本で560円という通常価格帯を超えているケースもある。

このように**価格に変化をつければ、顧客には標準価格の記憶が残りにくい**。たとえば260円という価格でも、いわゆる値上げに対する抵抗感を抱かない。通常価格としては高めだと思うかもしれないが、「価格が値上がりした」ときに強く感じる不快感は大幅に軽減される。

実質的な値上げ策としてサイズを小さくすることも多いが、直接売上の増加につながらないという欠点がある。ただしSサイズをつくれば、あとからLサイズを発売するという「空間」を生み出せる。板チョコを見ても、かつては1種類のサイズしかなかったが、いまでは発売当初より小さいサイズ、値段の高いジャンボサイズやキングサイズが販売されている。この手法は失敗が少ないが、売り手側の戦略に顧客が気づいてしまうリスクがある点を心得ておくべきだろう。

How to apply it
実践してみよう

第1章で作成した価値マトリックスから、自社商品の差別化に使えるポイントが見つかるはずである。そのうちのいくつかは、常に心に留めておかなければならない。マギーの場合、シングルエステートのエクアドルチョコ仕様を留保しておき、発売日には売り出さなかった。そうすれば、**新たな価格帯をつくる余地が生まれ、既存の価格に慣れた顧客からの値上げに対する不満を聞くこともない**。

新たにバリエーションを増やすときには、期間限定の割引価格で商品を試してもらいたいと思うだろう。その結果、低価格商品から顧客が移行すれば、特別価格をやめて価格を引き上げたり、商品サイズを小さくしたりしても顧客の抵抗や不満は起きない。

それらの変化に対する顧客の反応は、初期段階だけでなく継続的に注視しておくべきである。新たな戦略に慣れると、顧客の反応は変わっていく。値上げによって離れてしまった顧客が戻ってくるケースもある。逆に値上げを受け入れていた顧客が、次第に別の商品に目を向けるようになるかもしれない。直接的な値上げはそうなるケースが多く、直後の売上は低下しないが、数カ月かけて逓減していく。その状況を察知するには、顧客との継続的なコミュニケーションが欠かせない。できるだけ具体的に、可能であれば店頭で、なぜ商品を購入したのか、あるいは購入しなかったのか、価格を気にしたかどうかを聞く。

価格を何度も変更すれば、それだけ顧客の価格に対する反応もわかる。顧客によって反応は一様ではない。たとえば少数のクライアントにビジネスサービスを提供していれば、すべてに共通の価格基準を適用するよりも、個別交渉するほうが効果的かもしれない。一般消費者を対象にした小売業務であれば、販売チャネルごとに独自の価格判断を求められる（ほとんどの商品の場合、販売チャネルおよびそれによる購買行動の違いのほうが年代別の違いよりも意味があるので、55歳の顧客と25歳の顧客それぞれにインタビューするような気配りは不要である）。

可能であれば、**変更前の価格、サイズ、商品特性に戻せるようにしておく**。変更がうまくいかず、親しみのある買い慣れた商品に再変更すれば、顧客が戻ってくるケースも少なくない。しかし万全な変更計画を練り、慎重に実行すれば、振り出しに戻らなければならない確率は低い。

In focus

インフレ時には価格を引き上げるべきか？

インフレは価格戦略にさまざまな影響を与える。事業費用は上昇傾向になり、購買力が低下するので従来どおりの利益を上げられなくなり、顧客の所持金は（現金ベースで）増加傾向になる。さらに心理面で何よりも重要なのは、顧客がインフレによって価格が上昇するだろうと予想することである。その心情は利用できる。

過去15年間のインフレによる費用や所得への実質的な影響は、２０１０年のイギリスにおける５・４％という高い水準であっても、個々の商品の需要および生産費用の変化による影響にくらべればきわめて小さい。たとえば、エネルギーを大量消費するメーカーは、原油価格が１バレルあたり50ドルから１５０ドルまで乱高下していたので、費用も大幅に変動しているはずだ。ソフトウエア技術関連のサービス企業は、近年プログラマーの人件費は高騰しているものの、それを上回る需要の伸びがあっただろう。つまり、この間のインフレは、事業を左右する最大の要素ではなかった可能性が高い（ただし中国をはじめとする新興国は例外である）。

ところが、消費者は年々価格が上昇すると思っているため、新商品の発売時以外でも価格調整できることになる。

通常、顧客は価格に敏感なので、わずかであっても価格変化には気づく。買い慣れた商品であれば、値上げをきっかけに購入習慣を見直す可能性もある。もちろん値下げの場合はそのような影響はない。

一方、インフレによる値上げは、やむを得ない現実として受け入れられる。その状況は、年初の1月から年末のクリスマスのキャンペーンやセールの終わりまで続くので、商品全体をインフレ率だけ値上げする企業もある。そうすれば、少なくとも市場における平均的な費用および価格上昇には対応できる。だが好機を逸する可能性もある。

より賢明な方法は、インフレによる物価上昇にあわせた自社商品の相対価格の見直しである。おそらく商品やサービスのなかには年間需要が減少しているものもあれば、増加しているものもあるので、好調なアイテムの値上げ幅を少し増やせば、利益を伸ばせるチャンスになる。逆に低調なアイテムの価格は、現状維持か値下げする。顧客が全体の平均値上げ率を調べる可能性は低いので、それらがインフレ率と必ずしも一致していなくてよい。

値上げを見送った価格を積極的にアピールし、「インフレ退治」などのフレーズを前面に打ち出しながら、それとなくほかの価格を値上げした理由を説明する。価格にきわめて敏感な顧客は、価格を据え置いた商品に移行するかもしれないが、いつもの商品の購入を続ける顧客は、値上げに抵抗感がないという意思表示だと理解してよい（それらは将来的な販売促進に活用できる）。

では、そのような対応は1月に他社と歩調をあわせて実施すべきだろうか？　1月の段階では価格を変えずに今後の対応を告知し、次々と値上げされる状況下、自社だけでは安い買い物ができると顧客に印象づける方法もある。ただし問題は、6月に価格を引き上げようとすれば1社だけの値上げになるので、競合相手への顧客離れが起こるリスクがある。業界全体として1月から新年の価格がスタートするのであれば、それに従うのが最善策だろう。

サンドイッチチェーンのプレタ・マンジェのように、商品を毎月入れ替え、誰にもわからないように平均価格を値上げできれば、さらに賢明である。420円の卵&ローストトマトのサンドイッチを490円のスモークサーモンのバケットと入れ替えれば、値上げだろうか、値下げだろうか？　同社の財務担当者にしかわからない。

そういった個別企業の判断の積み重ねが、経済全体に大きく影響する。経済学者の見解によれば、わずかなインフレには経済効果がある。通常であれば顧客から抵抗を受ける相対的な価格や賃金の見直しができるからだ。

経済成長には価格や賃金の調整が欠かせない。価値ある商品は相対価格が上がり、生産性の高い人材は相対賃金が高くなければならない。ところがそうなると、生産性の低い人材の賃金や需要の少ない商品の価格は必然的に低下する。企業にとって、値上げと同様に賃金カットは簡単ではないが、インフレが起これば毎年数%の自動的な賃金引き下げが可能である。昇給を据え置くだけで生産性の低い人材の相対賃金を下げられるのだ。一般的にはインフレ率が2~5%の国は、ゼロあるいは2桁台の国にくらべて柔軟な対応が可能なので、好況な事例が多い。

第6章のまとめ

- いったん価格を決めると、値上げは簡単ではない。
- 販売促進のための期間限定価格であれば、元の水準に戻せる。
- 本格的な値上げには、新たな商品バリエーションの導入やサイズの変更が欠かせない。

第7章

アンカリング効果

価格比較の心理を操作する

ある商品が自分にとってどんな価値があるのか、まったく知らない顧客もいる。ここまではそれを問題だと考えてきた。顧客に価値を理解してもらえなければ、その対価を支払ってもらえない。

だが必ずしもそうではない。「未知の期待効用」状態は、どのようにも商品価値を感じてもらえる絶好のチャンスである。チョコレートポット工場を2度目に訪れたとき、アンカリング（条件づけ）がそのための第一歩になると実感した。

チョコレートティーポットカンパニーはすっかり有名になっていたので、毎日続々と観光客や熱心なファンが工場見学に来ている。製造工程と研究所を見学後、地下のショップを訪れる。入口は2カ所。北側から入ると、まず普段使いのSサイズのポットが目に入り、価格はミルクチョコレート一層のものが180円、濃厚なバニラのホワイトチョコレートにビターチョコを重ねた二層のものが360円である。ほとんどが低価格のほうを選んでいる。

南側に行くと、まず最高級のワールドチョコレートシリーズが並んでいる。特別に厳選されたアフリカ各地のカカオ豆が使われ、価格は1個売りの最高級品が８４０円、チョコレートと茶葉の違いを楽しめるギフトボックスが３５００円である。

興味はあるようだが、実際に手に取る見学者は少ない。ところが普段使いの商品を見つけると様子が一変する。それまで高価格の商品を見ていたので、１８０円の低価格商品ではなく３６０円のほうに強い関心を持つようだ。

マギーによると、南側から入る顧客のほうが北側から入る顧客よりも購入金額は平均60％ほど多く、翌日にはマーチャンダイジング担当者が両方の入口を南側のレイアウトに統一するらしい。

マーチャンダイジングの責任者は、次のように説明してくれた。

「ショップに入った顧客には、チョコレートポットの適正価格がまったくわかりません。ティーバッグを基準にすれば3円が妥当かもしれないし、スターバックスのホットチョコレートのLを基準にすれば４８０円かもしれない。

第一印象はとにかく重要です。チョコレートポットの価値を思案している顧客が最初に１８０円の値札を見ると、その金額が強く心に残るので、１８０円以上の値札を見ると高級品だと思うようになります。ところが最初に８４０円の値札を目にすると、無意識にそれぐらいするものだと思ってしまうので、360円は手ごろな価格、180円は安いと感じる。実際に高価な商品を選ぶ傾向も見られます。

具体的な金額に関係なく、最初に見た基準価格が指標になってしまうため、安すぎると不安になり、高額なものは特別なときに楽しむようになるのです。そのような基準価格がいわゆる〝アンカー《船をつなぐいかり》〟であり、顧客が払おうと思う価格の指標として機能します」

ただマギーは、全面的に賛成しているわけではないようだ。「確かに〝第一印象説〟には一理あるけど、別の価格を見ると気持ちが変わると思うの。たとえば最初に180円の商品を見てから840円の商品を見た人は、安いほうだけを見た人よりも高い金額を払おうとするわ。

意識しているかどうかわからないけれど、**顧客は同じような商品の価格を覚えている。**そして具体的な金額を見ると、いままで見てきたもの、たとえばチョコレートポットだと180～840円と比較する。つまり、**180円が適正価格の最低ライン**なのよ。だから**180円の商品はそれほどよいものではないと判断し、もう少し高額の210円や350円のものがあれば、適正品質のものを購入できるから満足度が高まる**はず」

調査データから判断すると、第一印象が重要だという意見も、一定の価格帯が重要だというマギーの見解も正しい。学術的な検証においても両方の有効性が証明されており、チョコレートポットのデータからもわかるとおり、両方の戦略を同時に取り入れれば簡単だ。

＊　＊　＊

アンカリングとは、「第一印象」の効果を利用した価格戦略であり、数多くの学術検証も行われ、すでに実務でも広く導入されている。MITのダン・アリエリー教授の研究チームも、巧妙なオークションの実験を行っている。オークションの出品アイテムはワイヤレスのキーボード、箱入りの高級チョコレート、無名のフランスワインである。被験者には、オークション前に各自の社会保障番号の下2桁を書いてもらい、「その数字分のドルを支払うかどうか」考えてもらった。たとえば社会保障番号が440-84-8398であれば最初に考える金額が98ドル、232-20-3911であれば11ドルになる。

オークションは最高入札者が購入できる通常のシステムだが、それらの金額が入札額に強い影響を与えていた。結果を見ると、下2桁の金額が大きい被験者の入札額は、小さい被験者よりも約50%高くなっていた。

いろいろな会議や講演会で同じ実験を行うと、心理効果を利用した価格設定をテーマに話しているので実験の意図がわかっているはずなのに、同様の結果になる。心理的な影響が強すぎて、避けようとしてもできないのだ。

Case study

コンサルティング料のアンカリング

アンカリングが、とりわけコンサルティングビジネスで効果的な理由は2点ある。まず、コンサルティングサービスの品質は標準化しにくい。コンサルタント同士の比較ができないので、クライアントは想定価格がはっきりしない。2点目は、コンサルタントがクライアントに応じた価格相場を準備しているので、多様な予算に柔軟に対応しても信頼してもらえる（「信頼」が重要なビジネスもあるので、そのことが心配なら第5章を参照してほしい）。

したがってクライアントから見積書を求められた場合、少なくとも次の3つの選択肢を提示しよう。

■高価格の総花的見積書　クライアントのニーズに含まれそうなものを、すべて盛り込む。ここでは「Aパッケージ」と呼ぶが、クライアントがイメージしやすいように「フルサポートサービス」などのタイトルを選んだほうがよい。金額はプロジェクト一式で840万円程度（もちろん内容に応じて変わる）。多数のクライアントからの発注は期待できないが、大企業が費用を大幅に上回る価値があるだろうと判断すれば採用してもらえるかもしれない。ただしプロジェクトに求められるのは、提供する価値が金額に見合う、あるいは金額以上の**成果を達成できる**という証明である。

■280万円程度の平均的見積書　「Bパッケージ」としてクライアントに受け入れられそうな提案をする。高価格な提案とは明らかに違う内容にしておけば、Aパッケージを検討中のクライアントがBパッケージにレベルダウンせず、やはりAパッケージを選ぶことも十分ある。ただし各自の強みを活かした内容でなければ、競合サービスと比較され、顧客離れが起きかねない。この案のポイントは、主要サービスはしっかり提供しながら、Aパッケージの上質さを強調する工夫である。

■168万円程度の低価格な見積書　Bパッケージにくらべて明らかに低品質のCパッケージを用意する。格安な選択肢も提示しながら、標準的なBパッケージに誘導する。

価格比は16・8：28：84つまり3：5：15程度だが、まったく同じでなくてもよい。1：2：4という比率のケースも多い。ただし、これらはあくまで基準にすぎない。ポイントは、最初のアンカーであるAパッケージを標準価格よりはるかに高額に設定し、しかもAパッケージが高額すぎるクライアントにも、ほかに少なくとも2種類の選択肢を提示する。CパッケージはBパッケージよりは低価格だが、それほど大差はつけないようにする。Aを選ぶクライアントもいるが（そのためAの価値は高くなければならない）、ほとんどがBあるいはCを選ぶので、もしCの価格が低すぎると（たとえば42万円）、顧客は主要価格帯の判断に悩む。つまり、BとCを実質的な上限価格と下限価格と考えればよい。

（この手法は、うまく**価格を差別化**できるというメリットもある。価格の差別化については、第3章「顧客心理の読み方」を参照）

◎アンカリングの問題点

ショップの南側入口を見ていると、近くまで来るのに店内に入らない顧客がいることに気づいた。マギーも同感のようだ。

「値札を見て高級ショップだと思われるみたい。高額商品は買わない顧客だろうけれど、対策を思案中なの。次に来たときには成果を見てもらえるはず」

アンカリングは、店側が力を入れている商品の売上アップには効果的だが、顧客の全体的な価格認識にも影響を与える。もし高価格のアンカリングを行えば、手ごろな価格のお値打ち商品の店というイメージは期待できない。ただし、そのようなポジショニングで利益を上げるのは、きわめて効率的に大量販売できなければ難しく、成功事例は少数である。小規模なビジネスでは、価値と利益幅の大きいポジショニングを選ぶほうが優位であり、そのための手段としてアンカリングは有効である。

How to apply it 実践してみよう

アンカリングの実践方法はいくつかあるが、最も効率的な手順を紹介しよう。

1. データの収集　自社および競合相手の対象商品の価格帯を、できるだけ詳しく調べる。マギーの場合、独自商品なので競合相手はいないが、通常はライバル企業や少なくとも競合する商品が存在する（詳しくは第1章を参照）。直接的な競合相手がいなくても、比較対象になりそうなものの価格帯を調査する。チョコレートポットの場合は、ティーバッグやスターバックスのモカの価格に相当する。できる限り多くのデータをリストアップし、商品名、販売者名、サイズあるいは数量、価格をまとめる（次ページの表を参照）。

2. **価格順の並び替え**　類似商品の価格帯を整理する。

3. **顧客が商品を購入するまでの手順の検証**　店頭で選ぶか？　オンラインショップで選ぶか？　オンラインで商品検索するか？　自社商品は類似の他社商品と店頭に並んでいるか？

4. **高額な新商品を並べられる場所の特定**　自社の店頭やオンラインショップで販売していれば、みずから決められる。「標準的」商品より目につくところに高額商品を並べればよい。自社の販売網を持っていなければ直接管理できないが、小売店に頼んで標準的商品の隣に高額の上質商品を並べてもらう（よければこの章を読んでもらう。きっと役に立つはずだ！）。あるいは高額商品を扱う小売店に並べてもらう（総合スーパーではなく高級食品スーパー）。

5. **自社の標準価格にくらべてかなり高額なアンカー価格の決定**　700円の商品のアンカー価格を840円にしても無意味ではないが、あまり効果は期待できない。価格差が

アンカリングのためのデータ収集

商品	販売者	数量／サイズ	価格
ホットチョコレート	スターバックス	1杯	480円
ティーバッグ	リプトン	1杯	4円
ティーバッグ	リプトン	80個	280円

小さければ、顧客は商品に対する本質的な価値評価を変えずに商品を単純比較することになる。ところが標準的な700円の商品と2800円の商品を並べると、価値評価が大幅に上昇する可能性が高い。

6. 可能であれば、アンカーの有無による顧客行動の差を調べる

少なくとも次の3種類の調査ができる。商品購入数がゼロの顧客数、アンカリングを行った商品の購入者の割合、700円の商品とほかの商品のシェア（700円と420円の商品があれば、どちらのほうが売れているか？）。こうした検証が重要なのは、複数の効果が同時に起こっている可能性があり、それぞれの大きさを把握しておく必要があるからだ。

296～297ページにデータ収集のためのフォーマットを掲載している。そこから競合商品を選んでポジショニングを決め、自社の標準商品の価格を競合商品の価格前後に設定する。さらに、標準価格より100％、200％高い高額商品や超高額商品を考えよう。

第7章のまとめ

●アンカリングは、心理的な価格戦略としてきわめて効果的である。

●最初に高い価格を見せれば、相手の商品に対する想定価値は高くなる。その後、低価格の商品を見ると、その商品を購入する確率が上がる。

●顧客は商品の価格を比較対象となる商品の価格帯とくらべるので、自社商品の価格が2万円、比較対象の価格が1万～10万円であれば、手ごろな商品という印象を与える。だが比較対象の価格が3000円～2万円の場合、高額商品だと思われる。

第8章

マーケットでの競争戦略

値引き競争を避けるベストプライスの見つけ方

1月1日。近所のコーザノーストラに出かけると、いつもと様子が違う。カプチーノとアメリカンのキャンペーンが行われ、定番商品のMサイズもチョコレートポットの400円より40円も安い。

来店者の反応を観察していると、以前は1時間で50人のうち半数近くがチョコレートポットに興味を持ち、5人ぐらいが実際に購入していた。今回も半数が興味を示すが、購入したのは1人だけだ。

マギーも状況を知っていた。

「コーザノーストラの独占販売期間が過ぎたので、ほかのチェーン店に顧客が流れてしまったの。コーヒー部門の責任者に就任したばかりのビビアンが、業績を上げるために利益の大きいエスプレッソの販売を強化しているみたい。チョコレートポットの既存顧客は問題ないけれど、新規顧客には割高感があって、試してみようと思わないようだわ。今月は初めてカフェでの売上が伸び悩んでいるのよ」

「どうするつもり？」

「新たなプロモーションを頼んでみたけど、60%の値引きを求められたわ。一度値引きすると戻せないしね。いいアイデアない？」

いままで価格についての問題はなんでも解決してきたマギーが、次の一手がわからないというのは少し驚きだった。

2日後、雑誌『エコノミスト』を買いに出かけた書店で『ビジネスイノベーション』という新しい雑誌を見つけた。革新的なビジネスや企業を特集しているようだ。

ビジネスに特化したSNSのリンクトインと提携し、誌面でインタビューを受けている人物2人を紹介してもらえるらしい。

ユニークな仕組みなので購入してみると、マーケティングサービスのネット販売に苦戦していた企業が紹介されていた。これまでにないサービスに懐疑的な顧客に対して、値引きせずに1カ月間の返金保証を提供した結果、売上が3倍になったそうだ。返金の条件としてサービスについての詳しい感想や建設的な意見を聞くこともできたので、サービス改善につながり、返金の要求も当初の25%から10%まで減少した。返金額は、新規顧客の売上で相殺できた。

リンクトインの提携を使って、あるコンサルタントにアクセスしてみると、次のようなコメントがあった。

返金保証によって顧客は振り向いてくれる。その態度から顧客がサービスを本当に受けたいかどうかがわかるだけでなく、顧客に自社のサービスに対する自信が伝わるので、顧客からの信頼度が高まり、アドバイスも積極的に受け入れてもらえる。結果的に返金保証によって1年以内にビジネスは2倍以上の規模になり、将来の成長スピードも加速する。

もうひとり法人向けフラワーサービスを提供する企業のマーケティングマネジャーにアクセスしてみると、新規顧客にサービスを試してもらう別の方法が紹介されていた。

一度サービスを試してもらえば、誕生日のブーケサービスやコーポレートカラーのアレンジメントによるイメージアップ、花によるオフィス環境の改善などでロイヤルカスタマーになってもらえる。ただし最初にサービスの価値を知ってもらうのは容易ではない。そこで有料のミニサービスの提供を決めた。数カ月後、サービスを中止するクライアント、ミニサービスを続けるクライアントもあったが、約25%には本格的サービスに移行してもらい、クライアント数は2倍になった。ただし売上は40%増にとどまっている。

これらを参考にコーザノーストラ以外でマギーが始めたのは、販売促進キャンペーン、返金保証サービス、エスプレッソタイプのミニ商品の販売（98円）である。数週間後、新規顧客は増加した。時間帯や曜日によって増加率は違っていたが、販売促進キャンペーンが最も効果的だった。

翌月にはコーザノーストラにも販売促進を依頼したところ、売上は急増した。新任の販売責任者ビビアンは、みずからの案に横やりが入ったことに不満だったようだが、上司の指示には逆らえなかったそうだ。

* * *

競争には二面性があり、マイナス面ばかりではない。たとえばめずらしい商品を販売している場合、競合相手がいれば商品に対する信用は格段に高まる。また相手のマーケティングに便乗し、商品の選択肢が複数ある状況が知られれば、顧客はほかにも商品の購入者がいることに安心する。

逆にリスクもある。商品を価格だけで比較されるようになる可能性があることだ。そうなると他社をしのぐ値引きが必要になるかもしれない。相手も同様の値引きを迫られ、最終的には値引き合戦になって互いの利益がゼロになる。

そうならないためには、**他社商品との差別化を図り、単純比較できないようにする。**

具体的には**独自の商品特性を付加**すればよい。しばらくすると競合相手も追随してくるかもしれないが、めずらしいパッケージサイズにして顧客が簡単には比較できないようにする。顧客が特定のサイズに慣れてしまっていれば、顧客離れが起こるリスクも覚悟しておかなければならない。また、返金保証や抽選での景品プレゼントを用意してもよい。

マーケットシェアを独占する——低価格戦略

圧倒的なマーケットシェアの確保を目指す場合は、**顧客が自社商品と競合商品を比較する複雑な手間を減らせばよい**。本格的な差別化をせず、様式とポジショニングならびにプロモーションを統一して（たとえば同じ330㎖缶を小売店の商品棚に並べてもらうなど）自社の優位性をわかりやすくすれば、買い物の手間を避けようとする消費者の購買行動を利用できる。たとえば派手に宣伝しているわけでもないジュースを日常的に購入している顧客は、ほとんど差がない別の商品が低価格で売られていれば、おそらくそちらを選ぶ。

そのときの価格差は、顧客の既存商品のブランドに対するこだわりと、対象商品の価格が可処分所得に占める比率次第である。大人をターゲットにコカ・コーラの競合商品を販売するつもりなら、コカ・コーラの標準小売価格120円を極端に下回る50円ぐらいでなければ、顧客を奪えない。一方、(可処分所得が限られている) 子ども向けの新しい炭酸飲料を発売するのであれば、価格差はそれほど必要ない。既存商品の価格は100円程度にすぎないので、90円にすれば多くの購入者が見込める。

コカ・コーラほどの強力なブランドではなく、無名のジュースや、ブランド名は知られていても**ブランドの重要性が低い商品**を競合相手としよう。クリネックス・ティッシューを想像すればよい。それらの市場では、特定の購入習慣が定着していないので、大幅に差別化しなくても顧客は別の商品を購入しようとする。その基準になるのが、スーパーがオリジナルブランドで成功しているかどうかである。成功していれば、価格競争が有効な可能性が高い。

◎ 高いマージンを確保する ——ニッチのポジショニング

市場を独占するほどの生産規模や資金がなければ、付加価値をつけたマージンの大きい商品のほうが利益につながりやすい。

コーラ市場では、着色料不使用にこだわったインカ・コーラや高カフェインのジョルト・コーラなどが好例である。店頭価格も比較的高額で、コカ・コーラやペプシよりも50％以上高い。

戦略としては、**競合商品を品質面で圧倒する自社商品の主要価値を見つけ出し、その価値を重視する顧客をターゲットにする。**コーラの事例であれば、オーガニックフードにこだわる顧客層があり、そこがインカ・コーラのニッチ市場になっている。

付加価値をつけてもよい。市場にはコカ・コーラのような大企業を嫌悪する消費者が増えており、資本主義システムの象徴として敵視している。そのためインカの独自路線のイメージが一層セールスポイントになり、オーガニックフードのイメージともうまく合致している。逆にイメージがあわなければ「モチベーションのクラウディングアウト（押し出し）」が起きて付加価値の意味がなくなり、消費者は購入判断に迷うようになる。仮にインカ・コーラにサッカープレミアリーグの観戦招待券をつけると、逆効果になり売上は減少するだろう。きっと費用負担が大きくなるだけで、それほど売上は増えない（実際は現在のインカの株主はコカ・コーラだが、おそらく消費者にはほとんど知られていない）。

どれぐらい高価格にするかを決める前には、顧客にとっての付加価値の魅力を知る必要がある。他社商品との直接的な比較が可能であれば、100％を上回る価格設定は難しく、50％程度が妥当になる。価格が高すぎると検討対象からはずれてしまう危険がある。もしコーラの価格が350円なら、もはや日常の飲み物ではなく健康ドリンクや高機能な栄養ドリンクになってしまう。そうなると市場規模はかなり小さい。

心理的に有効なのは、既存需要に便乗する戦略である。缶コーラを購入しようする人に付加価値をつけた商品を提供し、少しばかり支払額を増やしてもらえるようにすればよい。この場合もその金額は、購入額が可処分所得に占める割合次第だ。健康ドリンクは、学校の売店で子どもをターゲットにするよりも都市の店舗で大人をターゲットにするほうが売れやすい。

サービス市場の場合、新たな設備投資をせずに提供するサービス内容を変更しやすいので、このような手法が特に効果的である。しかもサービス業は、それほど激しい競争市場ではない。提供するサービスに具体的な形がないので競合サービス間の比較も容易ではなく、メーカーの商品のように標準化しにくい傾向もある。

◎ マーケットシェアと高マージン両方の組み合わせ

マーケットシェア独占戦略と高マージン戦略を組み合わせてもよいが、どちらを重視するかを決めるべきである。

市場拡大をねらう場合は、高額商品を購入してもよいと思っている顧客からの利益はあきらめることになる。その状況を避けるには、高品質な商品バリエーションを用意すればよい（商品に複数のグレードがあってもよい）。詳しい説明は、第3章を読み返してほしい。

逆に高マージン戦略を目指すなら、試験的に低価格大量販売商品を発売して市場の反応を確認したほうがよい。ただし本格導入する商品とはまったく別のものとし、後に発売する商品に対する評価を下げないように注意する。あまり売れ行きが好調でなくても、新規顧客にブランド名を知ってもらうチャンスになり、後日、高価格商品を購入してもらえる可能性もある。その成功事例がイギリスでのリンツ・チョコレートの戦略である。イースターシーズンに販売されるキャドバリーのクリームエッグに対抗するため小さなトリュフを発売したのがきっかけとなり、新たな顧客が高級な箱入りチョコレートを購入するようになった。

◎競合相手への対抗策

競合相手が高価格商品でニッチ市場をねらってきたとしても（インカ・コーラの発売に直面した

コカ・コーラの立場）、すぐに対抗措置が必要とは限らない。相手のマーケットシェアはわずかなので、的確な対応策に時間と予算をかけたほうがよい。新商品の開発予算があれば、独自の高品質商品の生産も検討すべきである。市場性がすでに確認されているところに、ブランド力と販売力を活かして新商品を投入できる。

一方の低価格商品の投入のほうが対応は難しい。相手の値引きに対抗して、同じように価格を引き下げるのは得策ではない。そこでチョコレートティーポットカンパニーが成功した3種類の対抗策を振り返ってみよう。

1. 販売促進の提案　価格を下げずに商品価値を高められる方法である。顧客にとっての付加価値の強化に費用を投じており、愛用に値するブランドとして印象づけられる。また、〝いまだけ〟キャンペーンにすれば、顧客は新商品を試してみたいという気分になる。

2. 返金保証サービス　発売したばかりの商品や一度試してもらいたい商品の場合は効果的である。チョコレートポットもそうだったように、知名度の高い競合相手が、新商品を市場から排除するために値引きを行った場合の対抗措置として有効である。

3. ミニサイズや限定商品の発売　既存商品のマージンや付加価値に深刻な影響を与えずに、競合相手が追随できない価格帯の商品を投入できる。消費財の場合は小型サイズ、サービスやソフトウエアであれば簡易バージョンや汎用タイプ、サービスのきわめて限定的な提供（ソフトウエアに多い）などが考えられる。

実践してみよう

How to apply it

競合相手に対する防御策を考えてみるのはおもしろい。まず、競合相手との比較チャートを見て、なぜ顧客が競合商品を選んでいるか考えてみよう。次に、その要因への対抗策を探る。標準価格を下げずに顧客獲得につながるような魅力的な案を見つけ出そう。

◎ 競合相手との比較チャートの作成

第1章では、商品の主な価値をリストアップし、自社の目指すポジションの競合商品を特定した。ここでは競争状況をさらに詳しく分析し、各自の商品カテゴリーごとに最大の直接的ライバル商品を数種類選び出す。次のページに具体的な事例を掲載している。

競合商品との比較

	自社商品 スーパーコーラ缶	競合商品1 コーラ缶	競合商品2 ペプシ缶
価格帯		90 ～ 120 円	88 ～ 120 円
競争優位性	新しさ	強いブランド力 伝統的イメージ	優良なブランド力 若々しいイメージ

298ページに掲載した表を使って各自の比較チャートをつくって判断してみよう。

マーケットシェアを独占するだけのマーケティング予算があるか？　目指すべきポジションとして適切か？　答えがイエスなら、価格と同時に、ほかの優位性もアピールできる商品も発売すべきである。

それともニッチ市場をねらった高付加価値の高価格商品の発売を目指すか？　その場合は競合商品を大きく上回る価格設定で、限られた市場内で複数の競争優位性を確立し、他社を圧倒する。

高価格での市場独占も不可能ではないが、きわめて困難である。新たな市場を開拓する立場でなければ、いずれかの戦略を選ぶべきである。ただし「両方の組み合わせ」でも説明したように、価格帯の異なる商品を開発すれば、品質と価格の両方のポジショニングを探求できる。

In focus

価格によるパブリシティ戦略

価格はニュースになりやすく、その内容は次のいずれかである。業界を一新するような画期的な価格戦略は、明るいニュースとして取り上げられる。1990年代に大きく報道された格安航空サービス、不動産業者やiTunesの従来とはまったく異なる価格戦略が注目されたのは、顧客と企業の双方にとって大きなメリットがあったからだ。

逆に価格が高すぎると非難の対象になる。幸い、価格が高いという不満は多すぎるので、批判されるのは大企業に限られる。有名な事例を紹介しておこう。

■航空会社が広告価格に追加運賃や追加料金を課していた。
■携帯電話会社が、他社回線を利用した通話に420万円を請求していた。
■バンクオブアメリカがデビッドカードの利用料金として月額5ドル請求する計画を発表した。

■携帯電話サービス大手のベライゾンが、通信料の過大徴収の訴えを数百万ドルで解決した。

■フランスの大手通信事業者のオレンジが、契約期間中に契約料金を値上げした。

■イギリスの電力会社は原油価格の高騰にあわせて値上げするのに、原油価格の下落にあわせて値下げしない。

これらの批判が真実かどうか、企業側の行動が公正かどうかにかかわらず、これらの報道は企業イメージの低下につながる。特に近年、ソーシャルメディアが顧客の企業批判や組織的な抗議行動の手段になっている。実際にバンクオブアメリカは、ツイッターやフェイスブックでの激しい反対の声を受けて、5ドルのデビッドカード利用料の導入計画を断念している。

企業規模が小さければ、このような抗議行動の対象となる機会も少なく、市場支配力が強いのは大企業だと思われている。だが小企業に不満を感じて退職するケースも少なくないので、どのような価格戦略が非難の対象となりやすいかは理解しておいたほうがよい。

まず、無料だったものを有料にするのは危険である。かつては他部門が赤字を補てんしていたので無料だったサービスを有料化するのも同様である。バンクオブアメリカの場合、それら両方の間違いをしている。小売店からの手数料の徴収が法律によって規制されたため、その額を口座利用者に負担してもらおうと考えたのだ。航空会社がデビッドカードの利用客に多額の手数料を請求するようになったときも、同じように抗議の声があがった。

費用面の根拠に説得力がなく批判が起こるケースもある。やはり航空会社の事例では、デビッドカードでの支払いごとに手数料がかかるのは納得できるかもしれないが、1人の搭乗回数ごとに700円請求され、4人家族の往復搭乗券の購入時に5600円支払わなければならないというのは、とうてい容認できない。

ある料金を別の料金で説明するというのは、顧客側の抵抗感の緩和につながる傾向がある。たとえば格安航空会社は、チケット料金を格安に設定しているので各種手数料を設けていると主張できる。だが実質的な効果はどうだろう。ある手数料の割引額が、別の手数料収入額を超えれば、ほとんど意味がない。

一方、既存の価格自体の値上げは、それほど強い抵抗を受けない。企業側も必要な経費は請求すべきだという一般認識はあり、消費者が不満を持つのは、価格自体の値上げではなく、〝課金の方法〟である。

場合によっては、値上げが避けられないケースもある。たとえば、原油や天然ガス価格の高騰を受けて値上げするというイギリス国内の電力会社の主張は、この原稿執筆時点での利益率は売上のわずか9%なので、不合理には思えない。だがおそらく消費者の抵抗を和らげるために、価格構造を変えてそれ以上の利益を得ているに違いない。

もちろん消費者からの抗議をうまく乗り切ることもできる。先日、DVDレンタルとインターネット動画配信サービスの月額10ドルのセット料金を、それぞれ8ドルに変えて強い抗議を受けたネットフリックスの場合、契約者数の減少はわずか3%にとどまり、売上は30～50%増加している。格安航空会社大手のライアンエアーも洗練されたスマートなイメージはあきらめ、基本サービス以外の有料制と費用削減に徹している。

また、価格の問題が限定的で、一般顧客には関係がないケースもある。たとえば、金箔で装飾し、トリュフとフォアグラを使ったハンバーグを180万円で売り出すとレストランが発表しても、それほど特別なニッチ市場の顧客は増えたり、減ったりしない。だがそのニュースを聞いて、1万円のステーキを注文する顧客が少し増えるかもしれない。

通常、価格戦略がニュースに取り上げられる有名な企業であれば、すでに市場での優位性は大きい。それに対して価格戦略に〝注目が集まれば〟、顧客からの評価の良し悪しにかかわらず、少なくとも知名度は上がる。

第8章のまとめ

- 先行の競合商品がある場合、うまく顧客に受け入れてもらうためには、品質あるいは価格面で優位なポジションを確立する。

- 顧客の立場からすれば、単一商品しかないより、競合商品があるほうが比較しやすい。顧客の比較対象になりそうな点を探し出し、できるだけ自社商品が優位になるようにする。

- 当然ながら競合相手も同じ策を講じる可能性があるので、互いの商品の類似性が高ければ競争にはリスクもある。

- 可能であれば、単なる値引き競争は避ける。さもなければ、双方の利益がゼロになるまで価格を下げなければならない。

- 理想的な戦略は、競合商品よりやや上質で高価格、または、やや低価格の2種類への「絞り込み」である。

第9章

おとり戦略

非対称の優位性「ボーラーハット理論」を利用する

マギーとの出会いについては、話しておくべきかもしれない。

2年前、友人のキースがようやくデジタルカメラを買うことになり、知人からのアドバイスを参考にソニーのサイバーショットとニコンのクールピクスＰ５１０のどちらかにしようと決めた。

一緒に近所のカメラ店に出かけると、どちらも店頭に並んでいる。

・ニコン――バッテリーの持続時間10時間、光学20倍ズーム、重さ６００g、
厚さ５㎝。価格４万６０００円。

・ソニー――バッテリーの持続時間５時間、光学16倍ズーム、重さ３５０g、
厚さ２㎝。価格３万９８００円。

それぞれに長所があるので決断できずにいると、大学の休暇中で両親の店を手伝っている娘

がやってきた。それがマギーだった。

キースの相談を聞いたマギーは、店の倉庫から4万6900円の値札がついたボーラーハット（山高帽）を持ち出してきてカメラの横に置いた。するとキースは、少し考えてニコンの購入を決めた。数カ月後、その店は賃貸契約上の理由で閉店せざるを得なくなったそうで、マギーの心理作戦を活かす場もなくなった。

＊　＊　＊

ありえないつくり話だと思ったのではないだろうか？　店側は顧客が欲しがっていない、まったく無関係な商品をすすめる。しかも高すぎる。ところが顧客は、店が買ってほしい商品を購入してしまう。なぜそんな事態が起きるのか？

じつは1カ所だけ少し事実と異なる。しかし、それ以外は本当の話である。

実際は無関係な商品が山高帽ではなく、別のカメラだった。ニコンのクールピクスの前年モデルのP500だ。バッテリーの持続時間が9時間、光学ズームが18倍で価格は4万7400円。

この条件でP500を買う人はいない。P510より優れている点はなく、価格も高い。山高帽そのものである。しかもソニーよりもニコンを選ぶ動機づけになっている。

なぜか？　長所や特性の違う2つの商品はくらべにくく、小型で軽量のカメラのほうが高品質でバッテリーの持続時間が長いカメラよりも便利な状況が多いかどうかわからない。しかし、似ているが少しばかり特性が劣る商品との比較は簡単で、P510は明らかにP500より優れている。一方、ソニーの商品はP500やP510より優れているのか（あるいは劣っているのか）はっきりしない。そのため3種類の商品のなかでは、P510だけが残りの2つより間違いなく優れており、そのことはP510を選ぶ十分な理由になる。

山高帽の事例からもわかるように、この行動は論理的な説明がつかないが、数々の実証実験も報告されている。専門用語では「**非対称の優位性**」と呼び、**2種類の商品**（**AおよびB**）**が、一方が価格、他方が品質というように別の点で優位性があるときに必ず起こる。Bより**（**両面において**）**間違いなく劣っている第3の商品Cを見せると、顧客はAよりBを選ぶ確率が高くなる。**

しかも**商品Cを投入する一番簡単な方法は、価格を高く設定すること**である。つまり、品質と価格に違いがある2種類の商品のなかから高価格の商品を選んでもらいたいときは、品質に優位性のないさらに高額商品を第3の商品として見せればよいのだ。

カメラの比較

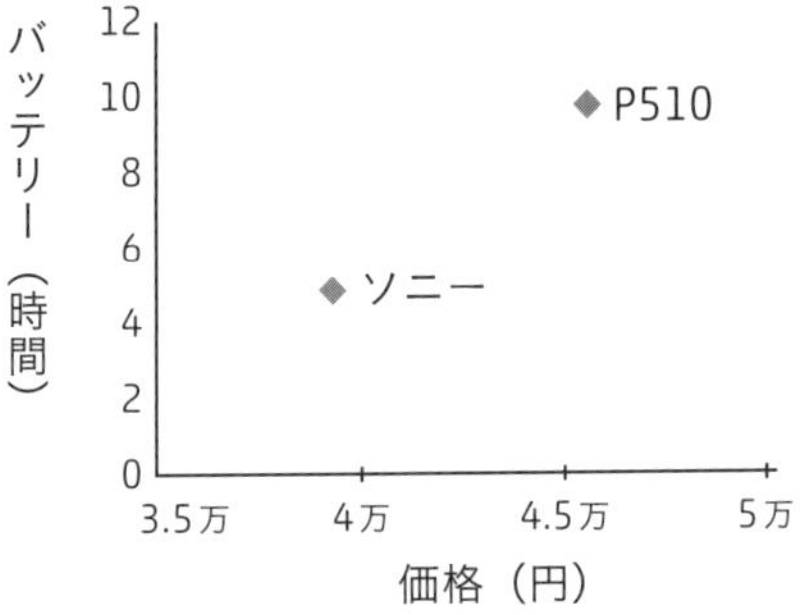

判断1：ブランドの違う商品は比較しにくい。ソニーの商品は価格が安いがP510はバッテリー時間が長い。どちらが優れているか判断できない。

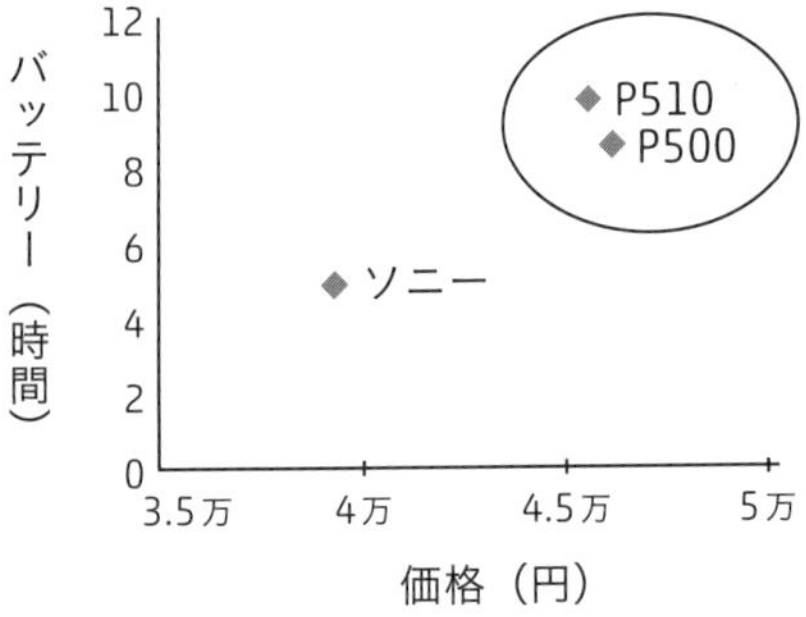

判断2：まずニコンの商品同士を比較する。P510は明らかにP500よりも優れている(もちろん山高帽よりも！)。価格も安くバッテリー時間も長い。そのためP500が「おとり」の役割を果たし、顧客は無意識にソニーの商品よりもP510のほうが優れた商品だと判断してしまう。

Case study

サービスにおけるおとり戦略

おとり戦略は、商品だけでなくサービスにも有効である。

中規模の法律事務所スミス＆ブログスには個人クライアント部門があり、富裕層の個人的な法律や税に関する問題を扱っている。なかでも遺言書の作成業務は、徹底した調査を行う高品質なサービスである。信託財産状況の違いによる税務上のメリットを詳細に調べ、クライアントに適切な提案を行うとともに完璧な遺言書を作成し、すべての内容をクライアントに理解してもらい、配偶者や子どもに必要な権利譲渡ができることを確認してもらう。それらの一般的な費用は約12万円である（財産が信託されれば、追加費用を請求する）。

一方、スミス＆ブログスと競合し、広く一般クライアントの業務を担当する近くの法律事務所は、遺言書の内容による税務上のメリットの調査は行わない簡易サービスを提供し、料金を5万円に抑えている。

この場合の顧客に提供する重要な価値は、(1)節税と(2)価格である。スミス＆ブログスが競合相手よりも顧客を集めるためには、どのような「おとりサービス」をつくるべきか？

答えは、節税額の少ないもうひとつの遺言書作成サービスを高価格で提供することである。たとえば15万円の「企業資産の遺言書」サービスとして、税金や信託財産の詳細な分析は行わないが、クライアントが企業資産の配分を遺言できるようにする。具体的な遺言書の内容は、税務知識が豊富な事務所内の弁護士とともに、個人の節税対策には詳しくない企業法務担当の弁護士が作成する。追加費用の根拠は、遺言書の作成実績は少ないが企業法務に長けた弁護士の追加報酬である。ただ多くのクライアントは企業資産の相続には関与しないので、おそらく通常の遺言書作成よりもサービスニーズは少なく、限られた数のクライアントしか見込めない。しかし、競合する法律事務所のサービスから標準的遺言書作成サービスに移行する顧客は増えるはずである。

価格水準のおとり戦略

第1章でも説明したように、顧客は商品の価値を必ずしも正しく評価できるわけではない。なかでもワインのように商品知識が少ない場合や、携帯電話の契約や法人コンサルティングサービスのように内容が複雑なケースは、価値評価が簡単ではない。そうなると価格が価値評価の基準になる。

560 0円のワインは900 0円のワインより上質だと思うだろうか？　多くはそう思う。実際にラベルを変えて同じワインを試飲してもらうと、900 0円のワインより560 0円のワインのほうがおいしいと答える。

そこである研究グループが、高級ワインの味がわからないと思われたくないので5600円のほうがおいしいと〝言っている〟だけなのか、fMRIを使って検証した（fMRIでは外部刺激に対する脳の反応がわかる）。ワインを飲んだときの脳の反応は、同じワインを飲んでいるにもかかわらず、価格が高いと思っているワインを飲んだときのほうが、喜びを感じる部位が活性化していた。

価格と価値が一体化してしまっているので、ここまで説明してきたような非対称の優位性のおとり戦略が機能しない状況である。

そのような場合には価格だけのおとりをつくればよい。具体的に説明しよう。

マギーの店でカメラを購入したキースは、隣のバーでワインを飲もうと思った。メニューには、480円のフランスのヴァン・ド・ペイと580円のイタリアのピノ・グリージョの2種類のグラスワインがある。

キースは480円のワインを注文するつもりだ。参考になる情報が少なければ、安いほうを選ぶのが一般的傾向である。実証実験でも選択肢が2種類なら、70％の人が安いほうを選んでいる。

注文しようとすると、バーテンダーが別の顧客のほうを振り向いた。明らかにあとから入ってきた客だ。気分を害したキースは、音楽も気に入らないので静かなパブに場所を変えることにした。その店のメニューは少し違っている。

■フランスのヴァン・ド・ペイ　480円
■イタリアのピノ・グリージョ　580円
■ニュージーランドのソーヴィニヨン・ブラン　720円

さらに高価な商品が加わっているが、キースはあまり関心を持たなかった。高価すぎる。しかも、キースは高級ワインの味がわかるほうではない。

この店でキースは、そして典型的な顧客もピノ・グリージョを選ぶ。最低価格のものではなく中間価格のワインを選ぶのだ。当初の予定より支払価格は100円増え、パブの利益は約80円増加する。

なぜそうなるのか？　カメラ購入時の判断と似ているが、少し違う。

極端な選択を避けるのである。失敗する確率が低くなると思って、妥協しながら無難な選択をする。いわゆる「**ゴルディロックス効果**」である。童話に出てくる少女ゴルディロックスが熱すぎず、冷たすぎず、ちょうどよい温かさのスープを飲む話から名づけられた。最初のバーのように2種類しか選択肢がなければ、両方とも極端な選択になるので「ゴルディロックス効果」は起きない。ところが**選択肢が3種類あると、本質的な価値に関係なく中間の選択肢に強くひきつけられる**。

もうひとつの合理的な説明は、「**限界効用の逓減**」である。本来の意味は、**1番目と2番目の味の差は、2番目と3番目の味の差よりも小さいというものだが、価格差も同じように感じられるか、この事例のように1番目と2番目の差がさらに小さく感じられる**。つまりキースが2番目と3番目の価格のものを比較したときは、2番目のものを選ぼうとする気持ちがかなり強いが、1番目と2番目を比較したときは、あまり1番目を選ぼうと思わない。この影響と第7章で説明したアンカリングの効果によって、第3の選択肢の有効性は説明できる。

数年後の現在、チョコレートポットの茶葉、サイズ、チョコレートの違うものがスーパーに並んでいる様子を見ると、おとり効果を実感する。どれがおとりで、どれが主力商品になっているのかわからないが、おとり商品を置いている店舗のほうが確実に売上は多い。

How to apply it

実践してみよう

実際のおとり戦略には、2種類の方法がある。ひとつはカメラの事例で取り上げた「**非対称の優位性**」を用いる手法である。

第1章の価値分析を行えば、各自の商品やサービスの重要性の高い価値がわかる。カメラのような商品の場合、ズームの倍率やバッテリーの持続時間、弁護士であれば過去の実績や専門知識、保険サービスであればクライアントのリスク回避などが考えられる。

実際に商品やサービスを購入する場面では、顧客は各自の商品やサービスと競合相手のものを比較するので、どの価値が相手を上回り、逆に相手のほうが上回っているかを分析する。すべてにおいて競合相手より優れていれば、すでに顧客に選ばれているはず！　わずかな価格の違いやブランドとしての知名度など、相手になんらかの優位性があるに違いない。

たとえば、バッテリーの持続時間はライバルより長いが（8時間対5時間）、ズームは相手のほうが高倍率とする（18倍対16倍）。そうなると消費者は少し考え、バッテリーの持続時間のほうがズーム倍率よりも重要かどうかによって選ぶ商品が変わる。そこで自社商品に劣る商品をおとり商品として開発する。具体的にはバッテリー時間がやや短く（7時間）、3％程度高価格な商品である。その商品は、誰も決して買おうとしない。ところが商品として並べておくと、主力商品が魅力的に見える。

通常は、主力商品にくらべてすべての（あるいは多くの）価値がやや下回るものを第2の商品として投入する。そうすれば顧客は、競合相手の商品に目を向けなくなる。

もうひとつの「**価格のおとり**」は、それほど難しくない。現在典型的な顧客に提供している選択肢を確認する。すでに3種類の選択肢があり、それぞれの価格帯が違っていれば対策は不要である。すでにおとり戦略になっている。

2種類の選択肢しかない場合は、第3の選択肢として既存の価格を大幅に上回るプレミアム商品を加える。たとえば現在の価格が11万円と18万円であれば、その差を計算し（7万円）、さらに20％つまり8万4000円の差がある26万4000円をプレミアム商品の価格にする。プレミアム商品の内容はあまり重要ではなく、追加サービスやハイグレードな特性など超高品質であればよい。避けたほうがよいのは、量や大きさを増やす手法である。プレミアム商品ではなく、安っぽい「ファミリーパック」商品だと思われかねない。

もし提供している商品が1種類しかなければ、さらに2種類の商品を追加する必要がある。いずれも既存の商品より高価格に設定し、その比率は競合企業の対応や顧客からの評価によって変わる。**理想は3：4：6**なので、現在のサービス価格が6万円であれば、中間価格が8万円、最高価格はさらに50％高い12万円になる。この比率にくらべると、第7章のアンカリングで説明した比率のほうが大きい。顧客が商品の市場価格帯をある程度想定できるときは、ここで説明した「おとり戦略」のほうが有効であり、画期的なサービスや新たに商品市場を確立したいときは、価格設定幅の広いアンカリングが効果的である。顧客のニーズにあわせて商品バリエーションを変えれば、できる限り価格帯も広げるべきである。

Case study

自社商品内のセルフおとり戦略

市場に直接的な競合相手のいない雑誌出版社について考えよう。

商品は2種類ある。印刷媒体の週刊誌とそのオンライン版で、それぞれの年間購読料は1万6000円と1万円である。利益や広告収入の大きい週刊誌のほうを売り込みたいが、価格に敏感な読者向けや検索サイトで上位にランキングされるためには、オンラインでの情報提供も必要である。

では、どうすれば印刷媒体の読者を増やせるだろう？

この事例では、週刊誌のほうが手に取って読みやすいが、オンライン版のほうが低価格で、すぐに手に入る。したがって、おとり商品は週刊誌形式の少し低品質の商品である。たとえば週刊ではなく月刊でバインダー付きの商品を1万8000円で販売する。1カ月待つ購読者や、バインダーが付いているだけで高い価格を支払う購読者は少数派なので、この商品は明らかに週刊誌形式の商品より劣っている。だが、おとり商品としての役割を果たし、3種類の選択肢があれば、オンライン版よりも週刊誌を選ぶ顧客は約10％増える。

おとり商品のコスト

ここで疑問が起こる。おとり商品は本当に生産すべきなのか、顧客を惑わすだけの架空商品なのか？　実際に購入する顧客があらわれる可能性もゼロではない。

サービス業では、注文を受けてからサービスを提供するので、主要サービスのバリエーションを用意するのは簡単である。メーカーの場合は、旧式の低性能商品をおとりにすればよい。（先に紹介した週刊誌のバインダーのように）数少ない注文を受けてから、おとり商品をつくれるかもしれない。しかし、初期費用を回収できるほどの売上が見込めないケースなど、新たな商品の生産に多額のコストがかかるビジネスもある。そのときは既存商品の特性の少ない、あるいはゼロの修正版をつくれば費用を抑えられる。おとり商品は、主要商品にきわめて似ており、消費者が比較しやすく、企業側は少額の追加費用でつくれるものでなければならない。

商品バリエーションを増やす方法がどうしても思いつかなければ、同じ商品の名前を変えて、価格を高くすればよい。おとり商品として十分に機能し、経済学上は、価格がわずかに安い本物の商品に市場を独占される状況になる。

いずれにしても、おとり商品を購入する消費者はほとんどいない。理論上はゼロだが、間違って購入しようとする人がいれば、直接交渉しておとり商品ではない本物をすすめればよい。喜んでもらえるはずだ。

第9章のまとめ

●顧客は本能的に商品を比較したがる。そのほうが購入の判断をしやすいからだ。

●そのため、主要商品より明らかに劣る選択肢を用意しなければならない。

●そのような「おとり商品」が購入プロセスにあるほうが、消費者は無意識に主要商品の魅力を強く感じる。

●2種類の商品の特徴や品質が数字であらわせず、消費者が比較しにくい場合は、価格そのものをおとりにすればよい。

第10章

代金の後払い

支払いがずっと後ならサイフのひもはゆるむ

4月になってチョコレートポットをよく見かけるようになった。

「気のせいじゃないのよ。先月にくらべて売上も3倍。理由を教えてあげるわ」

2人で近所のスーパーに出かけると、茶葉やサイズの違うチョコレートポットが並べられ、初めて見る商品もある。それぞれに〝今日は無料でどうぞ〟というプロモーションラベルがついている。

「これが一番のアイデアよ。携帯電話会社と契約したから、ここで払わなくていいの。試してみて」

プロモーションラベルをスキャンしたレジの担当者に翌月払いを申し出ると、携帯電話番号をレジに打ち込み、折り返しメールで届いたコード番号を再びレジに打ち込んで支払いは完了した。

「カフェミラノはもっと便利になっていて、あらかじめメールしておけば、すぐにチョコレートポットを受け取れるの。衝動買いの人数も8倍に増えているわ」

「クレジットカード払いと何が違うの?」

「心理的にまったく違う。私たちはサイフから現金を支払うことには敏感になっているから、クレジットカードやストアカードのような疑似金銭で払っても一定の抵抗感は残る。でも**毎月の携帯電話の請求のように、わずかな金額の変化があまり気にならないものと支払いを一緒にしてしまえば、その抵抗感はなくなる**のよ」

確かに無料でチョコレートポットをもらったような気はしたが、結局は代金を支払わなければならない。携帯電話の請求書を受け取ったとき、どんな気分なんだろう。

「抵抗感だけの問題じゃないのよ。現金を準備しなくていいの。カフェに行く前にポケットの現金を確認したり、小銭が足りなくて欲しいものを買えなかったりしなかった? 若者は特に多いのよ。十分な現金を持っている人たちも、現金払いじゃないなら高い商品を買おうという気分になるのよ。携帯電話で支払う顧客のうち、プレミアム商品を購入する割合も、約10ポイント増えたの」

注文したチョコレートポットを開けると、初めて見る広告が入っている〝毎日の朝食時にはチョコレートポットをどうぞ〟1日あたり268円払えば、カフェミラノで毎朝到着する時間にチョコレートポットが用意され、138円払えば、お湯を注ぐだけのチョコレートポットが自宅に届く。

「実際に注文する人はいるの？」

「いまのところ8000人ぐらい。顧客はわずかな金額を支払うだけ、こちらは少なくとも当面は顧客が保証されるから、競合相手以外はみんなハッピーだわ。コーザノーストラからは不公平だという抗議の意見がありそうだから、この仕組みは中止すべきだけど、強い反対意見もあるというのは、正しいことをしている証拠だわ」

「そんなにクレジット払いがいいのかな？　不況後も？　借金の清算中だから、新たな借金はつくりたくないものだと思っていたよ」

「私たちへの支払いは、実質的な借金じゃないのよ。60日以内には支払うものだし」

「余計な買い物をさせている感覚はないの？」

「料金の滞納は2％ぐらいよ。自分が購入できる余裕がある商品かどうかは、顧客自身が判断すべきだと思うの。チョコレートポットはやめられなくなるような商品じゃないし。でも定期購入をやめたのは1割ぐらいね」

＊　＊　＊

オフィスに戻って調べると、いずれのアイデアも「**双曲割引**」を利用したものだとわかった。1960年代に心理学者が提唱したもので、1980年代に経済学者によって実証されている。**将来の金銭的価値は、現在の金銭的価値より低く評価される傾向がある。**もちろん金融の仕組みにも活かされている概念で、現在1万円預ければ、たとえば金利が5％であれば、1年後には1万500円になる。逆に支払いをすぐに求められると、多くの買い物ではそうなるが、その効果がさらに強まって出費をできるだけ避けたいと思う。

本質的に**即時現金払いに対する抵抗感、逆に現金を手に入れたいという思いは、通常の利子率で計算する金銭的価値を大幅に上回っている。**

もしマギーが翌週なら1万円、2週間後なら1万1000円支払ってくれるとすれば、ほぼ間違いなく2週間後の1万1000円を選ぶ。支払金額が10％増えるので、1週間だけ長く待つというのはきわめて合理的な行動である。1週間余分に待つための金利は10％で十分というのは、まっとうな判断である。

ところが〝いますぐ〟1万円か、〝1週間後〟に1万1000円かの選択であれば、判断は変わる。1週間待つための対価が10％というのが十分だと思えなくなる。すぐに現金を受け取りたいという強い気持ちと1週間後までに何が起こるかわからないという不確実性から、すぐに1万円受け取る確率のほうが高くなる。

金額、時間、金利に違いはあるが、この効果は多くの消費財市場や業界でうまく応用されている。いずれの場合も支払いを遅らせて、商品価値はすぐに提供する。

特に顕著な成功事例がインテリアショップである。金利ゼロのクレジットカード払いがなければ購入するつもりのなかった顧客を獲得するだけでなく、購入金額も大幅に増やすように誘導している。しかも合理的な説明もできる。

たとえばソファの価値は、その耐用年数だけ享受できるので、少なくともその間に支払えばよいのではないか？　クレジットカード払いは、そのような合理的行動の説明がつくだけでなく、支払いの抵抗感も先送りしてしまう。すぐに現金で12万5800円を支払うのであれば、古いソファでもう少し我慢できる。ところが毎月5300円を3年間支払い、しかも支払いが始まるのが2カ月後であれば、なぜちょっとした贅沢をすぐに楽しまないのか？　1週間懸命に働いたあとは、新しいにおいのするソファでくつろぎながらDVDを鑑賞してワインを味わいたい。

マギーの成功からわかるように、この手法は業界を問わず効果的であり、小規模な企業にサービスを提供している場合も例外ではない。零細企業に潤沢な現金はなく、口座残高がマイナスという状況も少なくない。そのため支払条件や支払期間を提示すれば、翌月の賃金の支払いが不確実な状況であっても購入の動機づけになる。

消費財の販売の場合は、すぐに代金を支払う必要がないという条件で大量購入を約束させることができれば、購入量が増え、価格に対する感応度も弱くなる傾向が強い。

そのような状況には、「**心理的距離**」も影響している。心理的距離は、すぐに経験するわけではないと考える事象、判断、行動すべてにあてはまる。**何かが将来起こると思っているのであれば、その距離は時間になり、何かが遠くで起こると思っていれば、その距離は空間になる。あるいは具体性が乏しく、抽象的で明確なイメージに欠ける事態であれば、概念上の距離になる。**それらの距離があれば、支払いについて具体的にイメージしにくくなるにもかかわらず、商品やサービスの価値が同じように低下するわけではない。つまり、費用と価値のトレードオフが変化し、同じ価値に対して高い金額を支払ってもよいと思える。

もちろん支払いを遅らせることによるリスクもある。請求額を支払えないクライアント、全額は支払えないクライアント、購入後すぐにキャンセルするクライアントもいる。取引内容によっては1～2週間程度のクーリングオフ期間が法的に義務づけられている（クーリングオフ期間中であれば、クライアントの購入意思が変化した場合、返品を条件に代金を支払わなくてもよい）。また、法人取引では少ないが、信用取引の許可が必要な特定商取引もある。したがって必ず弁護士に確認し、あらかじめリスクを回避しよう。

だがリスクの見返りも大きい。実際の検証や非公式の経験によると、すぐに現金が必要なく後払いでよければ、支払金額が50％も増加する消費者もいる。そうなると支払いの時期を遅らせるだけで、追加マージンは大幅に増える。

How to apply it

実践してみよう

顧客が商品を使用する期間を考えよう。

一度限りの購入で、顧客がすぐに商品を使用してしまう場合は、ここで説明した手法は使いにくい。しかし将来使用する商品や、繰り返し購入する商品、長期間利便性を享受できる商品であれば、効果的に活用できる。

左の図のように時間経過と商品価値をグラフにしてみよう。

横軸は商品にあわせた時間軸に設定し、縦軸には商品の主な価値を選ぶ。通常は最初の価値は高く、時間経過とともに低下していく。初めて新車を購入し、車庫に入れたときを思い出してほしい。最初の数週間、数カ月は喜びと新鮮さを強く感じるが、慣れてくると次第に薄れてくる。しばらくすると価値は安定し、その後は車は古くなり、価値も低下していく。バンパーには傷がつきはじめる。

顧客の支払額と商品の価値との関係を調査しよう。その上で価値が一定レベルを下回ったときに、どうすれば新しい価値を提供できるかを考える。新車、家の増築、新しい茶葉などの提供によって、以前の商品価値を取り戻せば、再び顧客が対価を支払ってくれるかもしれない。

時間経過と商品価値

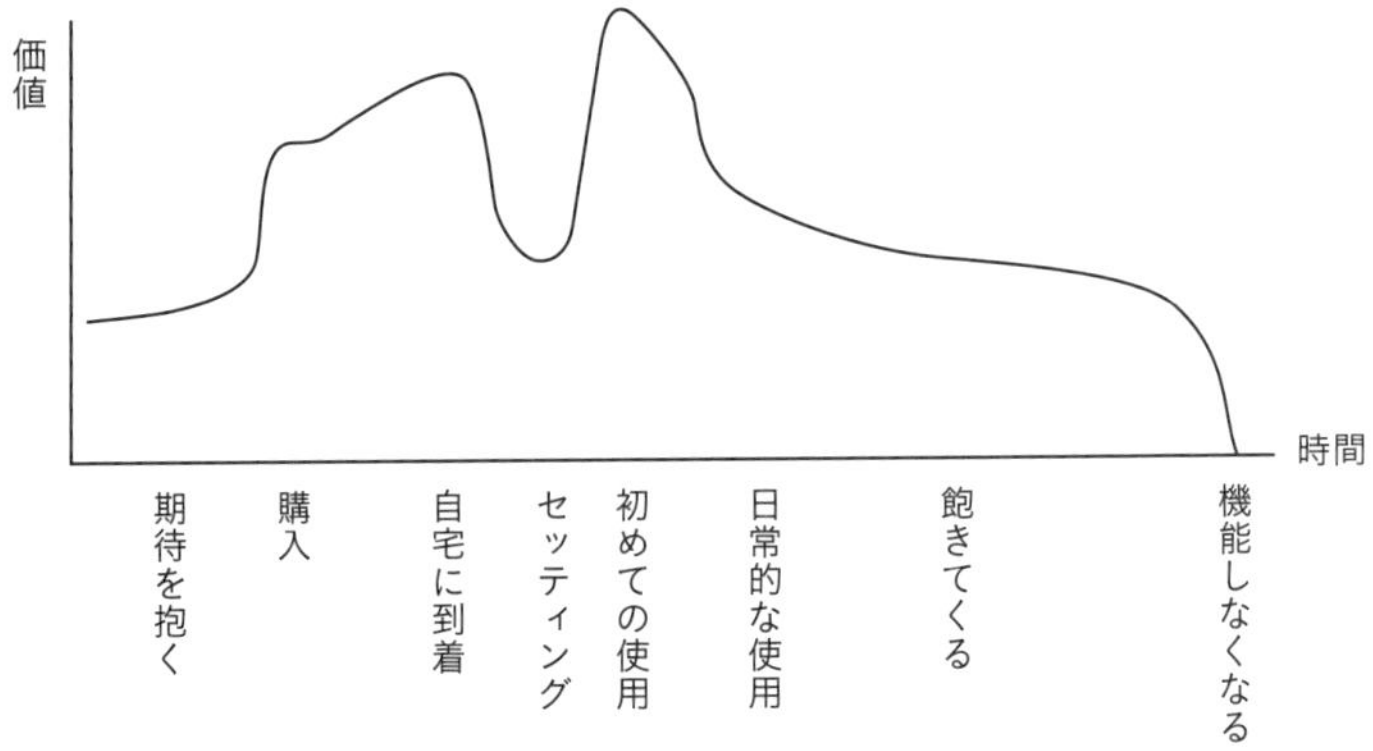

In focus

交渉の心理学

本書で説明する戦略や事例は、一般的な商品およびサービスを対象にしているが、標準的な商品を販売しているビジネスばかりではない。コンサルティングをはじめとする専門的知識を提供する企業など各種サービス業では、まずクライアントに応じた提案や見積書を用意し、相手との交渉によって最終価格を決められる。

もちろん解説してきたような基本的な考え方も応用でき、ポジショニングも重要である。クライアントにとっての価値を詳しく分析した上で、サービスの売り込み方を決めなければならない。クライアントごとの課題や目標を理解していれば、さらに的確にサービスをアピールできる。

「価格の差別化」ならびに「アンカリング」も効果的である。きわめて高価格なサービスからサービスを限定した低価格のものまで複数のサービスを提案すればよい。たとえばコンサルタントの場合、3億円のプロジェクト費用プラス3年間にわたる利益の2％の報酬という価格から、やや手ごろな価格でサービス提供側のリスクも低い4000万円、

１４００万円、５６０万円という価格帯のサービスを選択肢として用意する。それぞれのサービス内容の違いがはっきりしていれば、クライアントは予算規模にふさわしいサービスを選びやすくなる（あらかじめクライアントの予算を聞き出せればさらによいが、クライアントが金額にこだわるようになり、高い金額を提示しにくくなるというリスクも自覚しておかなければならない）。

「双曲割引」や「おとりの効果」を利用したり、ほかのクライアントの支払金額を話題にしたりするのもうまい戦略である。競合相手の動向調査も、的確な対応につながる。

課題は、顧客にあわせた見積書の準備には時間がかかる点である。状況を詳細に分析し、どの価格戦略を実施するかを判断するまでに数時間から数日、さらに数週間を要する場合もある。そのため、次ページのような汎用性の高いフォーマットがあれば便利だろう。具体的なサービス内容は業界ごとに違うが、見積書を作成するためのフォーマットとして使えるので、毎回、見積書作成のために時間をかけて分析しなくてもすむ。

クライアントとの個別交渉の場面では、価格戦略と同様に心理的な影響も大きいが、提示金額を通じたメッセージも交渉の動向を左右する。見積金額の構成を見ればサービスを提供する側の品質や価値に対する自信がわかり、クライアントの予算に配慮した適正価格を提示しようとしている姿勢が伝わってサービス内容のトレードオフを受け入れてもらえ

コンサルティングの見積もりフォーマット

サービスに要する時間と、各自の時間あたり標準金額を決める。	標準サービス	100 時間× 1 万 5000 円／時間 ＝ 150 万円
標準サービスの時間を 60％、時間あたり金額を 30％増やした「高級サービス」を用意する。クライアントは富裕層向けサービスや追加のプロジェクト、追加サービスに関心を示す。	高級サービス	160 時間× 1 万 9500 円／時間 ＝ 312 万円
標準サービスの時間を 30％、時間あたり金額を 20％増やした中級サービスを用意する。	中級サービス	130 時間× 1 万 8000 円／時間 ＝ 234 万円
定期購入サービスを用意する。標準サービスの価格を 15 等分し、1 年間を超える月払いにする。サービス内容は標準サービスに継続的相談、追加サポートサービスを加える。	定期購入サービス	10 万円／月× 1 年以上
価値に応じた価格設定を用意し、受け取る報酬を新規獲得顧客数や生産性の改善状況などの指標とリンクさせる。ほかのサービスにくらべてほぼ例外なく報酬が高額になるので、クライアントからは選択されにくいが、積極的にリスクを共有し共同作業を行う意欲が伝わる。	パートナーシップサービス	（例） スタッフの労働時間の削減 1 時間あたり 280 円

る。また、料金の後払いや費用負担先の変更も提案できる。さらに交渉の場では、別のクライアントが提案を受け入れてくれるので交渉をやめるという姿勢も示唆できる。それらの交渉に臨む思いと、実際の行動や表情は一致していなければならない。

価格に自信があれば、申し訳なさそうな態度は必要ない。値引きを求められれば、サービス内容の削減を条件にすればよい。サービス内容の削減と価格の引き下げ金額は、逐一対応するわけではなく、クライアントにとっての値引きの重要性と提供するサービスの価値とを対比する必要がある。また、料金の後払い、マーケットシェアの拡大などの成果に応じた報酬制など、価格についての問題の解決法も工夫する。とうてい受け入れられない要求があれば、ためらわず断るべきである（ただし、一部分については断るという安全策で相手がどれぐらい歩み寄れるかを把握してから完全に手を引くという判断をしたほうがよい）。

賃上げやボーナスなど雇用主との交渉にも同じ手法が通用する。顧客や上司との交渉手法をテーマにした書籍は数多くあるので、ここではすべてのテクニックを解説するつもりはないが、基本的な心理分析は価格設定の場合と同じである。相手の思いを把握して主導権を握り、相手からではなくみずから複数の選択肢を提示して、支払いに対する心理的および時間的距離をつくる。ただし提供する価値はすぐに、具体的な形で、傑出したものにする。

第10章のまとめ

●顧客にとって代金の支払いは、肉体的苦痛のようなものである。

●現時点の苦痛は、将来の苦痛にくらべて強烈である。将来の苦痛は合理化したり、無視したりしやすいものである。

●そのため後払いできるものは、すぐに購入する傾向が強い。

●後払いできる仕組みをつくりにくければ、少なくともクレジットカードでの支払いを認めるべきである。同じ効果が期待でき、顧客の支払いを心配するのはクレジットカード会社になる。

第11章

ティーパーティー効果

異なる顧客グループの交流が購買につながる

アメリカの議会選挙の市民活動を視察し、ヒントを得たマギーは、帰国後、高額商品の発売にあわせて新たなマーケティングを始めた。名づけて「チョコレートティーパーティー」。発売から9カ月間で誕生した数千人を数えるロイヤルカスタマーのなかから、影響力のある100人を選ぶと発表し、営業担当者が高額の新商品を各自に届けた。限定品の高級カカオのチョコレートと日本茶と中国茶の茶葉がセッティングされ、手づくりのポットに入っている。その商品は1人用ではなく8客のカップが一式になっている。チョコレートティーポットカンパニー初のソーシャルマーケティングである。

その年の初夏、ロイヤルカスタマーNo.37の女性が主催するリバプールでのティーパーティーに出かけた。

新発売の「チョーチャイ」を開けると茶葉がしっかりとしたシートに入れられ、円形のチョコレートがカカオの葉に包まれている。茶葉をポットに入れてお湯を注ぎ、90秒後にチョコレートを投入、1分後にカップに移した。リバプールというより、まるで京都にいる雰囲気だ。

通常のチョコレートポットよりも香りがよく風味もあり、上品な甘さを感じる。紅茶にチョコレートの甘さがバランスしているというよりも、ハーブティーにチョコレートが温かみを添えている。ゴマ風味の餅がぴったりだ。

しばらくするとゲストがやってきたので、その反応と会話を観察することにした。化粧品や高級下着の訪問販売のパーティーに実際に参加したことはないが、もう少し赤裸々な会話で同じような雰囲気だろう。うわさ話、商品の品評、そして誰が何を買うのかを全員が注目している。

その場での動きは興味深い。何か買わなければならないと全員が感じている。主催者の話では買ってくれそうな人しか招待していないそうだが、買いそうな雰囲気だけの人たちもいるのではないかと思っていた。ところが全員が高額なティーポットセットを少なくとも1セットと数種類のケーキを注文していた。

ただ、パーティーを自宅で開こうとする人としない人との違いがはっきりした。ゲストのうち3人は自宅でのパーティー用のポットと必要なアイテム一式を注文したが、支払いはパーティー開催後でよい。主催者はゲストが自宅で販売する商品の手数料を受け取ることになっていた。

パーティーの途中で興味深い状況にも気づいた。高級な磁器製のティーポット一式がパーティー中に紹介され、参加者それぞれがカップを持っていた。主催者はポットをみんなに回し、飲んでいるカップと見くらべている。実際にポットを手にしたゲストは、パーティー終了後に購入していくようだ。手にしなかったゲストよりも高く評価している印象だった。

国内各地でこのようなマーケティングを行えば、そこでの売上は相当な金額になり、新商品紹介の絶好の場になりそうだ。

＊　＊　＊

こうした「ティーパーティー現象」には、2種類の強い効果といくつかの小さな効果が影響している。

まずひとつは「**仲間効果**」（**ピア効果**）である。**過去に経験のない状況や、どのように行動すべきかわからないとき、似たような立場の人たちと同じように行動する傾向が強くなる**。その背景には、相手の行動から正しい行動を判断しようとする姿勢や仲間の前で恥をかきたくないという心理がある。

その意識が障害となり、合理的判断ができない危険もある。ある実験で、被験者に左上のような線を見せ、どれが一番長いか聞いてみた。

仲間効果のテスト

明らかに1本がほかよりも長い。この図を本人に見せると、100%正しく回答する。次にほかの被験者も一緒に見てもらい、被験者が知らない人たちは、実際は研究チームのメンバーだとする。研究チームのメンバーたちが、明らかに短い線を偽って長いと主張する。すると約半数の被験者は、その意見に惑わされて間違った回答をする。

明らかに正しい答えがない場合、たとえばどれぐらいの数の紅茶を購入すべきか、いくら支払うべきか、同僚が参加するマラソン大会にいくら寄付すべきかなどの答えは、仲間効果が強くあらわれやすい。自分自身の判断が仲間にわかるときは、特にその傾向が強く、仲間と違う行動をしたくない、恥ずかしい思いをしたくない、相手に恥をかかせたくないという気持ちになる。

その傾向は、チョコレートティーパーティーのようなソーシャルマーケティングや、ツイッターやフェイスブックのようなソーシャルメディアに顕著にあらわれる。店先でも、ほかの顧客が商品を購入している状況を見ると、その商品の品質や価格が適正だと思ってしまう。オンライン上の〝おすすめメッセージ〟は、その原理を利用しており、「**Xに関心を持っている顧客はYを購入している**」**とすすめられると、価格を推薦の指標にしているかどうかにかかわらず、関心を持ってしまう**。

「**相互依存状態**」も同様の関係になりやすい。特に理由もなく贈り物やサポートを受けると、それを上回る額のお返しをしたり、本意ではない買い物をしたりして返礼に努める。マーケティング目的のパーティーでは、ゲストが主催者側に対する謝礼として商品を購入することを期待している。その結果、それまで購入に慎重だった顧客が積極的に購入を検討するようになり、1人が購入すると次々と売れていく。

「**主観的品質**」が影響することもある。高級なティーセットが標準的な商品よりも高価格であれば、顧客の実感もそれに比例したものになる。たとえばワインの試飲の事例がわかりやすい。同じワインの価格が980円のときより5600円のときのほうがおいしく感じる。その理由は十分に解析されていないが、ワインを味わっている時間の長さやワインへの関心に関係しているのかもしれない。つまり、ワインはおいしいはずだ（あるいはあまりおいしくないはずだ）という事前の予想と実際の味に差がなければ、高品質だという思いが充足される。さらにタンニンの含有量などによる特定の風味から、上質、低質などワインのレベルを判断する顧客もいる。同じような状況は、ほかの商品でも起こる。

この章の事例において、もうひとつ見られる典型的な現象が（やはり同じ状況を好む心理に関係する）「**保有効果**」である。私たちは同じ商品であっても、保有したことがない、あるいは触れたことがないものより保有しているものを高く評価する傾向が実証されている。

たとえばマグカップやチョコレートを被験者に渡して持っていてもらうと、それらに対する評価が高くなる。平均すると、「保有」していなかったものより持っていたものを20～50％高く評価する。したがって、相手と何かを取引する機会があれば、それらをしばらく保有してもらうと、相手は手放しにくくなる。

対象となるものを実際に触れられるほうが保有効果は高くなるが、必ずしも具体的な接触は必要ない。それには「**損失回避**」や「**現状維持バイアス**」が影響している。つまり、ありのままを好み、現状に固執し、不確実なものと交換するリスクを避けようとするのだ。

ビジネスにおいてそれらを有効に活用できるかどうかは、販売している内容によって違う。小売業で販売員が対面接客する時間があれば、実際に商品を相手に渡して、購入をすすめられる。そうすれば顧客が購入する可能性だけでなく、支払おうとする金額も上昇する。

通信販売であれば、返品システムが効果的かもしれない。少数ながら返品されず代金も支払われない事例もあり、そうなると一定の損失は生じるが（カード情報の詳細を把握していれば、そのリスクは避けられる）、顧客が一度手にした商品を手元に置いておきたいと思う確率のほうが、商品を見る前に購入する確率よりも大幅に高い。

商品ではなくサービスを提供している場合は、サービスを具体的に目に見える状態にしてしまえば、保有効果につながりやすい。顧客は「サービスを実際に手に持つ」ほうが、まったく見たこともないより、代金を支払わなければならないと思いやすい。だが顧客が具体的なものの費用に関心を持ちすぎないように、サービスすべてを見せてしまうのではなく、さらにすばらしいサービスであることを象徴づけるのが理想的である。たとえば理学療法サービスであれば、そのために使用できる運動器具を一緒に見せればよい。ものによってはゴムひもやボールのようにきわめて低価格であるにもかかわらず、サービスの重要な価値を提供し、サービスのイメージにつながりやすいものもある。

人と人との交流による効果が最も強くあらわれるのは、自社商品を定期的に購入しているロイヤルカスタマーと、まだ商品を使用する気になっていない、あるいは高額な出費は避けたいと思っているグループが交流できる状態のときである。

そこでまず、顧客層のなかから、商品に対して支払うつもりの金額が最も高いグループを分析しよう。そのグループが別のグループと同席しそうな機会はあるだろうか？　なければ設定できるだろうか（チョコレートティーポットカンパニーのティーパーティーのようなセッティングを）？既存顧客および顧客になりそうな人たちと、まだ各自の商品やサービスを購入していない人たちが出会えるセミナーを開催してもよい。

そのような場で多様な価格帯の商品を提供する。高い金額を支払う顧客には、みんなの見ている前で高額商品を購入するように仕向ける。具体的な手法として販売手数料を支払ったり、直接顧客に商品の購入をすすめたりする。商品を高く評価している顧客であれば、求めに応じて積極的に購入してくれるケースが多い。

主観的品質効果を強くするには、高い金額を支払ったことを消費するときに思い出してもらえばよい。パッケージへの価格の表記、価格に込めたメッセージを強調するようなサービス提供によって思い出すきっかけにしてもらう。技術的には必ずしも必要ではないサービス内容やサービス特性を加えてもよい。たとえば歯科医は、患者のための個室形式の待合室を用意したり、治療後に歯の痛みを心配する電話を本人がかけたりする。だが実際の目的は、標準以上の価格を支払ったので、それに応じた十分なサービスを受けていると思わせることである。

保有効果は商品にくらべてサービスは起こりにくいが、サービスの一部として特徴的なものを提供すればよい。各自の価値をまとめた表を振り返り、顧客にとって一番重要な価値をわかりやすくとらえられるものを選ぶ。

それを顧客が体験してから購入の判断をするような仕組みがないか考えよう。対面販売できるのが一番である。顧客に気に入ったものを選んでもらい、少し価格が高い内容を提供する。高品質のもの、容量や特性が多いものなどがよい。顧客は、ワンランク上のサービスを経験してもデメリットはないはずだ。そして一度試してみると、当初予定していたワンランク下の商品の購入に強い抵抗を感じる。

第11章のまとめ

- 消費者が新商品を詳しく知らない、あるいは支払うべき価格に自信がないときは、まわりの人たちの承認が強い後押しになる。

- その方法として立場の異なる顧客を集め、相互に接点を持つようにすればよい。あまり価格に敏感ではなく、すでに高い価格を支払っているグループと商品を試すつもりになっていないグループとの交流が効果的である。

- 顧客に実際に商品を手に取ってもらえば、商品の魅力が高まり、購入してもらいやすくなる。

第12章

バンドリングの技法

「パッケージ売り」の心理的効果

6月の日曜日、自分がチョコレートポット依存症になっていることに気づいた。飲みたいのに買い置きがない。すでに午後10時だ。だがホワイトチョコとティーバッグならある。実験してみよう。

チョコレートポットに近いアッサムティーを選び、カップのお湯にチョコレートと一緒に投入する。チョコレートが溶けるまでかき混ぜ、本物にどれだけ近づけたか確認してみる。

けっこういける。やや紅茶が濃く、チョコレートが少ないが悪くない。本物より簡単で、やや不格好だが、かなり安い。

ティーバッグが8円、チョコレートが7円だから84円のチョコレートポットとはくらべものにならない。本当に店で買うべきだろうか？

マギーにメールすると、すぐに返信があった。

リーへ

確かに自分で買えば材料費は安い。でもメーカーが直接生産者から購入している紅茶やチョコレートとは違う。重要なのはバンドリング、つまりパッケージ販売よ。複数の商品を組み合わせてパッケージ商品にすれば、まったく同じ商品は存在しないから価格の比較もできないはず。携帯電話の契約書を確認してみて。では。

＊　＊　＊

携帯電話は典型的なパッケージ商品である。

企業側は、各社の基本サービスが標準化されている状況をわかっており、どの携帯電話でかけても、1分間の通話サービスにはほとんど差がない。仮にサービスが分単位の通話だけだと、顧客が各社のサービスを簡単に比較できるので、最も低価格のサービスを選ぶ。そうなると競合サービスと同じレベルまで値引きできない企業は、多くのシェアを奪われてしまい、やがてすべての企業が損益分岐点で操業するようになり、利益はゼロになる（経済学を学んでいれば、「**競争均衡**」になるとわかるはずである。完全競争で、ゼロ利潤状態におちいる。マーケティングの重要な役割は、そのような状況の回避である)。

各携帯電話会社は、激しい価格競争を避けるために多様なサービスをパッケージにした契約を利用者と交わしている。最も基本的なサービスは、おそらく次のような内容のはずである。

■イギリス国内での通話1分あたり18円

実際の典型的な(これでもかなり簡単な)契約とくらべてみよう。

■携帯電話機(iPhone 4 16GB)1万2460円、
32GBの場合1万8060円
■イギリス国内のすべての携帯電話回線あるいは固定電話回線への通話
900分まで無料
■それを超えると1分あたり14円
■地点情報の入らないNGNへの通話1分あたり35円
■メールサービス無料(月3000回まで)
■それを超えると1回あたり17円

■写真の添付1回あたり49円
■海外へのメール1回あたり34円
■海外からの通話1分あたり27円（EU圏内）
■海外への通話1分あたり53円（EU圏内）
■海外での通話1分あたり28円から280円
■インターネット接続サービス月750MBまで無料
■それを超えると500MBにつき700円
■ヨーロッパ域内の旅行中のデータ通信1日あたり25MBまで無料
■ヨーロッパ以外の場合、1日あたり1MBまで700円、
それを超えると1MBにつき420円
■最低契約期間24カ月、18カ月経過後は機種変更可能
■契約料金1カ月あたり5600円（税込）

この契約内容で1カ月あたり5600円という料金は適正だろうか？

もし答えられるなら、おそらく誰よりも価格に対する理解は一歩リードしている。比較のために別の携帯電話会社のまったく同じサービスを探そうとすれば、まず間違いなく見つからな

い。サービスの組み合わせに際限がなく、携帯電話各社が共謀しているのか、ただ無作為にいろいろなサービスをセットにしているだけなのかわからないが、まったく同じサービスが見つかる可能性はゼロに近い。

そのため、料金が適正かどうかのひとつの検証方法は、サービスごとの価値を計算して総計すればよい。ただ正確な計算は容易ではない。たとえばメールの価値はいくらか？　飲み会の場で友人にいたずらメールを送っているのか、新しい恋人とデートの約束をしているのか、山で救助を求めているのか、それぞれの状況によって違う。では今月どれぐらいのメールを送信する予定だろう？　通話の価値はどれぐらいだろう？　遠方での会議に向かっているときに、位置情報を得られることの価値は？

正確な計算は無理なので、過去の経験に頼る。つまり携帯電話はどうしても必要だと思えば、そのサービスに近いものを基準に特定の電話会社のサービス価格が適正かどうか判断する。

サービスプランに含まれている無料のメール送信回数は妥当だろうか？　そもそも自分自身はどれぐらいのメールユーザーなのだろう？　私自身は平均より利用回数は少ないと思う。紹介したサービスプランの3000回という回数は、メールを日常のコミュニケーション手段に利用している若者たちの利用回数だろう。だが500回という別のサービスプランでは少ないかもしれないので、3000回だと備えあれば憂いなしと考えるかもしれない。海外には何度ぐらい出かけるだろう？　年に数回だが、アメリカや南ヨーロッパでの仕事が多くなれば、2年の契約期間内に増える可能性もある。どれぐらいインターネットに接続するだろう？　わからないが750MBが最大のようなので、それぐらいで十分なのだろう。

このような思考プロセスを「**満足化**」（**Satisficing**）と呼ぶ。ハーバート・サイモンが意思決定論として提唱し、「満足」（Satisfying）と「充足化」（Sufficing）をあわせた造語である。**商品が個別のニーズを充足していれば、満足する**のだ。商品の基本的特性が、おおむねニーズを満たしているとわかれば、次に価格をチェックする。商品価値の正確な計測手段が見つかりそうになければ、価格そのもので価値を評価する場合もある。そうなると公正さの判断になり、「購入するには理想的なパッケージサービスだろうか？」とは考えず「適正な契約だろうか？」と自問する。いずれにしても、「携帯電話を持つことで毎月5600円以上の価値を得られるだろうか？」という点に問題意識を持つ。その答えは確かに「イエス」だ。

携帯電話サービスの契約のようにパッケージ化した複雑な商品を販売しようと思う企業は少なく、その必要もないが、顧客の立場で考える機会だと思ってほしい。

競合相手との比較が簡単な商品やサービスを販売していれば、顧客から勝負を仕掛けられる可能性がある。販売する側は、商品が価格に十分見合う価値を提供しているかどうかを顧客に考えてほしいと思っている。400円の商品であれば、400円を大幅に上回る価値を提供しており、その比率は3倍が一般的である。つまり400円の商品で1200円の価値を得られるので、そう考えれば顧客は喜んで400円支払うはずである。

ところが、類似の商品があれば、顧客は商品が提供する総価値ではなく、競合商品の価格に注目する。もしその価格が350円なら、320円での販売を期待される。仮に期待どおりに320円にすれば、相手も値下げしなければならず、最終的には双方ともに最低価格まで値下げして利益がゼロになる。そのような勝負を自覚している顧客は少ないが、暗に購買行動にあらわれる。

How to apply it
実践してみよう

顧客との目に見えない勝負に勝つには、**自社の商品と競合商品との直接的な比較ができないようにすればよい**。バンドリング（パッケージ化）は、最強の作戦になる。

商品特性を増やせば、価格を下げようとしている競合相手への対抗策になるだけでなく、さらに重要なことに、顧客の無意識の戦略も阻止できる。第1章で作成した価値マトリックスを見返し、あまりコストのかからない特性やこれまでにない特性を加えて、それらの価値を顧客に提供する方法を考えよう。

クレジットカード会社の場合、顧客に提供する価値は便利さ、後払い、ブランドイメージであり、顧客が利子率だけでサービスを比較できないように次のようなパッケージサービスを用意している。

■航空会社のマイルとの無料交換や利用金額に応じたサービス
■カードで購入した商品の保険サービス
■提携企業の休日割引をはじめとする各種サービス
■レンタカー利用時の無料の周辺案内

ファストフード店もアイテム別に組み合わせたパッケージ商品の販売が可能で、すでに多くが実践している。古くからあるのはハンバーガー、フライドポテト、飲み物の組み合わせで、それぞれ70円から140円ほど値引きされている。この事例で重要なポイントは、それぞれの商品価格の表示であり、店側は単品と同時にパッケージ商品を販売しようとしている。だがパッケージ販売価格の透明性が高いので、店側の自由が制約されている。

3種類のパッケージ価格は単品価格の合計より安く、いずれか2種類の単品価格の合計より高く設定しなければならない。そうでなければ、2種類の商品だけ購入したい顧客がパッケージ商品を購入するほうが安くなる。ハンバーガーとフライドポテトを購入した顧客に無料で飲み物を提供しても、店側のコストはそれほど変わらないが、顧客が合理的な購入行動だと思えなくなる。

会計士が提供する価値は、法令遵守、ストレスの軽減、節税、業務負担の軽減と安心だが、次のようなサービスでの差別化が可能である。

■担当行政庁の税務調査に対する無料の保険
■顧客の節税が可能な部分についての無料の税務監査レポート
■データ入力の負担軽減と年次会計報告の迅速化につながる
　オンラインソフトの無料提供
■秘書と登録事務所の無料サービス

ほとんどの会計士がこれらのサービスを提供しているが、それぞれを有料のオプションサービスにしている。そうなるとパッケージサービスとしての効果がなくなる。顧客が各サービスを競合相手と細かく比較して値引き要求できないように、全サービスをパッケージにした価格設定をすべきである。その料金は、個別のサービス料金の合計よりは高くなる。

◎パッケージ料金は個別料金より高くすべきか、安くすべきか？

パッケージ商品をつくっている人に共通の疑問である。チョコレートティーポットカンパニーの場合、パッケージ商品の価格は各原材料の競争価格（15円）を大幅に上回っている。一方、携帯電話会社の契約料金は、（わからないがおそらく）各サービス料金の合計を下回っている。

簡単に答えると、**固定費が多く、変動費が少なければ**（携帯電話会社の事例）**パッケージ価格は個別サービスよりも安く設定すべき**である。そうすればサービス利用者が増える。逆に**費用のほとんどが変動費の場合**（チョコレートティーポットの事例）、**商品1個あたりのマージンを増やすためにパッケージ商品をつくり、価格も高く設定したほうがよい**。

パッケージ商品のほうが高額でも顧客が納得するのは、個々の商品が相乗効果を発揮し、単品ではありえない価値を生み出すケースである。会計事務所のサービスを事例に説明すると、すべての企業情報を1社に提供しなければ時間や交渉の手間は省けないし、ミスの危険も減らせない。チョコレートポットも紅茶とチョコレートを融合し、（飲む人は）別々に味わうよりもおいしく感じられる。

ここで取り上げたパッケージ商品のなかの「無料」という言葉を覚えておこう。次章のテーマは、その「無料」サービスである。

In focus

「価格はいくらになさいますか？」

商品やサービスの価格を購入者に決めてもらうというのは、奇妙に感じるかもしれない。価格設定は販売する側の重要な戦略だ。しかし場合によっては起こりうる状況である。

3種類のパターンを紹介しよう。

最も話題になるが、おそらくリスクも大きいのは、商品やサービスを提供してから相手に支払う金額を聞く方法である。少数のレストランが期間限定で実施している。ロックバンドのレディオヘッドが2007年にアルバム『In Rainbows』を発売したときも、購入者に価格を決めてもらい話題を集めた。

ロンドンには、週1回この方式を導入している劇場もある。美術館が金額を決めずに寄付を募ったり、サービス提供者が顧客の意志によるチップを期待したりするのも、ある意味では同じスタイルである。

うまく機能するかどうかは、顧客との強い信頼関係と善意にかかっており、商品の限界費用が高ければ宣伝活動に終わってしまう危険もある。購入する側も一種のアンカー価格がなければ適正価格を判断しにくいので、「推奨価格」や過去の購入者の支払い金額などがわかれば参考にできる。

2つ目は、顧客に価格を提示してもらい、販売するかどうかを決める方法である。プライスラインは、逆オークションサイトとして知られている。一般的な求人広告でも、企業側が予定給与額を提示して応募者を待つ。この方式では、販売者間の激しい値引き競争が起こりやすい。購入者のメリットは大きいが、販売者はビジネスとして成立しにくい。ホテルや航空会社がプライスラインを積極的に活用するのは、どうしても購入者があらわれそうにないサービスの在庫をなくすためである。

3パターン目は、顧客から予算を聞き、それにあわせて商品やサービスをつくる方法で、多くが企業間取引である。公開入札では、発注側が予定価格を提示する。そのため他社にくらべて低価格の業者が予算額まで価格を引き上げる可能性があり、逆効果になることもある。その一方で業者側は、交渉の段階で低価格になりすぎるリスクを軽減でき、価格競争を避けられる。提示価格は予算に近い金額に集中するので、最低価格になりそうな金額より10％程度低い額を提案すれば、うまく発注を受けられる場合もある。一般的には、正式な入札であっても複数の価格を提示するのが得策である。そうすれば発注側に選択肢を与えられ、他社を一歩リードできる。

最後のスタイルをのぞけば、これらは通常のビジネスモデルとしては定着しにくい。だが販売促進や在庫処分、限界費用が低い場合の期間限定サービスとして効果的な価格戦略になる。

第12章のまとめ

● パッケージ販売は、競合商品との差別化の手段になる。

● また、顧客が商品の費用を把握しにくくなるので、顧客が感じる価値をコントロールしやすくなる。

● パッケージ販売によって顧客は割安に商品を購入できる。なかでも企業側の固定費の比重が大きく、総販売量を増やしたい場合や、顧客側の多くが一定のアイテムを一緒に利用するサービスは、低価格に設定されやすい。

第13章

無料（フリー）の効用

「無《た》料《だ》」ほど素敵な価格はない

7月の1カ月間で、無料で手に入れたチョコレートポットは23個を数えた。

どれだけできるか試してみようと思って始めたのだが、あの手この手の販売促進戦略も体験できた。

スタートは3週間前。行きつけのコーザノーストラで最近定番にしているチョコレートポットを注文すると、ポイントカードを渡された。よくあるのは1杯購入ごとにスタンプを押してもらい、10個集まると1杯無料になる仕組みだが、ちょっと違うのは、**スタンプを10個ではなく12個集めなければならず、しかも最初から1個ではなく3個のスタンプが押してある。**

マギーの策略だ。いずれにしても1杯無料になるまでに9個のスタンプが必要だが、最初3個のスタンプが「**サンクコスト効果**」*を発揮し、目標をかなり近く感じる仕組みになっている。

〔*……ジョセフ・C・ヌネスとゼイビア・ドレーズの洗車場の実験では、あらかじめスタンプが2個押してあるポイントカードを配ると（特典到達までに必要なポイント数は同じ）、スタンプを押してない場合にくらべて特典に到達する人数は80％以上増えた〕

X				

X	X				
X					

いつもはキッチンの引き出しに入れたままだが、今月は何度も持ち出し、3週目が終わる前に1杯無料になった。

2つ目の無料サービスはスーパーでのこと。通勤途中にチョコレートポットを買いに立ち寄ると、**2個買えば1個無料サービス**になっていたので、そのチャンスに飛びついた。結局、オフィスで1日のうちに2杯飲んでしまった。しかもレシートをよく見ると、128円から138円に値上がりしている。無料サービスに気を取られて価格変化を見逃してしまった。その日から興味本位で1日1個の無料サービス探しが始まった。

次に見つけた無料サービスは、なんと書店だった。タジキスタンがチョコレートポットの茶葉の原産地という縁で、**タジキスタンの紀行本の購入者に著者のサインとチョコレートポットがプレゼント**されていた。書店側も高価で上質なハードカバーを、オンラインストアのように値引きせずに販売できるメリットがあった。

4つ目は、**Mサイズ価格でLサイズを購入できる、中身の無**

料サービスだった。ケーキを買えば無料でＬサイズに変更できると言われ、レモンタルトを注文した。店内で2時間かけて原稿を書き、ランチも食べたので、いつもの2倍の金額を支払った。

5つ目のサービスは、**雑誌についていた商品引換券**だった。申込書記入時に今後広告が送られてくると気づいたが、その程度ならチョコレートポットをもらおうと決めた。2日後、チョコレートポットを受け取り、交換条件としてチョコレートティーポットカンパニーのメーリングリストに登録された。

そのメーリングリストを利用した宅配サービスに6つ目の無料サービスがあった。**4個以上注文すれば送料無料**というのもうれしいが、さらにユニークなのは、**逆に即日配送の送料を払えば商品が無料**だった。９００円支払わなければならないが、冷蔵庫が空っぽのときに新鮮な飲み物を届けてほしいと思った経験はないだろうか？

その段階で、次々と無料サービスに出くわすのを不思議に思い、マギーをなんとか電話でつかまえた。

「全部戦略よ」

「在庫整理が必要というわけでもないだろ？」

「もちろんよ！　需要は増えるばかりだし。市場拡大のためよ。**新商品を試してもらうには無料サービスが一番**なの。４週間で50万人以上に試飲してもらったから、そのうち１割が購入してくれるようになると、それだけで売上は６倍以上よ」

７つ目のサービスは、近所の**サンドイッチショップがオープンを記念してチョコレートポットを無料**にしていた。店側は新規オープンのＰＲになり、マギーは新しい顧客とともに得意先を増やせる。メーカーが数百個の商品を無料提供すると、原価分の費用は必要だが、得意先を確保すれば格段の見返りが期待できる。取引先に対する商品提供は、双方にとっていい意味での負担となり、額面以上の大きな価値につながる。

８種類目の無料サービスは、工場の視察帰りに**母へのプレゼントを購入すると、シナモンとダークチョコレートのチョコレートポットをもらった**。その作戦も費用以上の効果が期待できる。おそらく自分では選ばない商品だが、気に入れば次回購入するかもしれない。

合計22個の無料プレゼントとなる９種類目のサービスは、**アラーム機能のついたチョコレートポットメーカーの特別販売の案内**だった。毎朝、淹れたての香りで目覚めるのだ！　しかも２**週間のチョコレートポットが無料**なので実質的には本体だけを買えばよい。さっそく注文した。いままでは毎朝、紅茶とチョコレートのおいしい香りで目覚める。だが、紅茶を飲む習慣性が強くなり、間違いなく来年の購入量は増えそうだ。毎週５個のレフィルを郵送してもらう定期購入も申し込み済み。

先週、カフェでジンジャーティーポットを購入したときにもらったクッキーは無料サービスの計算には入っていないが、クッキーをもらったことでティーポットの価格が気にならなくなっていた。もちろんクッキーもおいしかった。

そして最後の23個目の無料サービスになったのは、**近所のスーパーで購入した福袋**である。2600円払えば、チョコレートポット、ケーキ、クッキー、はちみつが入ったバスケットを選べる。実際に購入したらいくらになるのかわからないが、とてもおいしかった。

こうして予想以上にチョコレートポットを手に入れられた。1カ月間の成果に十分満足しているが、無料サービスを提供していた側が多額の損失になっているようにも思えない。

なぜ無料サービスが効果的なのか？

何かの購入を決めるとき、その判断基準はひとつではない。オンラインショップで書籍を購入すれば配送料も支払う。レストランでは、メイン料理とともにサイドディッシュや飲み物も注文する。会計サービスの契約をすれば、秘書や税務アドバイスのサービスの依頼も同時に検討する。

そのときの顧客には2通りの考え方がある。ひとつは、**個別の商品をセットにして、合計で支払金額の価値があるかどうかを判断する**。

もうひとつは、**それぞれのアイテムを個別に検証して価値を見極めようとする**。本と別に配送サービスだけは購入できないので、こちらは非論理的に思えるが、実際の消費者の発想そのものである。

そのため、**配送料が高すぎると思えば、書籍の本体価格が安いため総額は妥当であっても、購入をやめてしまうおそれがある**。つまり消費者に2回判断してもらうと、購入をやめる確率も2倍になるのだ。

逆に追加アイテムを無料で提供する、正確に言えば、それらを含めて基本価格にしてしまえば、**消費者の判断する機会が減るので購入につながりやすい**。顧客側からすれば「無料」という言葉によって、そのアイテムについて考える手間が省ける。「値引き」ではなく「無料」になれば、メインアイテムを提示価格で購入するかどうか判断すればよい。

無料サービスの効果を検証した2つの事例を紹介しよう（ほかにも数多くの検証がなされている）。

ダン・アリエリーたちの研究では、1セントの安価なチョコレートと26セントの高級トリュフチョコレートを用意すると、ほとんどが26セントのほうを選んだ。ところが、安価なチョコレートの無料サービスと25セントのトリュフチョコレートに変えると、圧倒的多数が無料のほうを選んだ。

もうひとつはアマゾンの偶発的な検証である。通常アマゾンでは、一定金額以上の購入、あるいはキャンペーン期間中だけ配送料を無料にしている〔国によりサービス内容は異なる〕。たとえばフランスの場合、配送料は1フランだった（ユーロ導入前の1990年代後半のデータである）。書籍価格にくらべればわずかな金額なので、なんの影響もないと考えられ、配送料が1フランで適正かどうかなど議論にもならなかった。ところが、そのわずかな金額が売上に大きく影響していた。実際にフランスで配送料が無料になると、売上は急増したのだ。

How to apply it

実践してみよう

ここでは第1章の価値比較チャートについて考えなくてよい。考えないほうがうまくいくケースが多い。顧客は大切な価値だと思えば代金を支払うため、**無料サービスが最大限の効果**

を発揮するのは、顧客があまり重視していない価値を対象にした場合である。

快適性と安全性を誇る自動車メーカーであれば、おそらく既存顧客はワクワクするような楽しみは期待していない。そこで休日無料で利用できるようなサービスを用意すれば、商品特性の価値も維持しながら新規顧客へのアピールにもなる。

顧客は「無料」と聞けば、「デメリットを考えずにメリットを享受できる」と思うので、商品の魅力が高まるとともに、顧客の購入判断も複雑にならない。

だが、無料サービスを提供したからといって、顧客にとっての商品の価値が高まるわけではない。したがって設定できる価格が上昇するわけではなく、主体となる商品やサービスと一緒であれば無料で提供できるにすぎない。

そのため無料でサービスするアイテムは、単価の安いものを選ばなければならない。具体的には電子書籍や抽選でのプレゼントなど、直接的な費用があまりかからないものがふさわしい。自社商品をPRしたいと思っている企業との連携も効果的である。また、会員登録や引換券の郵送を無料プレゼントの条件にすれば、本当に関心を持っている顧客グループだけに商品を試してもらえる。

費用負担が小さく、主体となる商品の重要な価値を直接提供するわけではない補足的なアイテムを探してみよう。もし主体となる商品が提供する価値を補完するアイテムが見つかれば、無料サービスではなく、ワンランク上の商品に付随する有料サービスとしても提供できる（詳細は次章で説明する）。

他社商品の販売時に、無料で自社の商品やサービスを提供してもらう方法もある。商品は競合しないが、ターゲット層が類似している企業があり、相手の既存顧客を自社の新規顧客にしたいと思えば、交渉してみればよい。自社商品の魅力が高まると判断すれば、相手も相応の費用負担を惜しまない。新規市場へのアピールだけでなく、将来の共同ＰＲの友好的なパートナー関係も構築できる。

第13章のまとめ

- 「無料」という言葉は、魔法に近い。顧客は、トレードオフのバランスを図るために「このメリットは別のメリットを犠牲にする価値があるだろうか？」と考えながら意思決定する必要がない。交換条件なく何かを手に入れられるので、決断の手間が省ける。

- 無料商品と有料商品のパッケージ販売や、有料商品の購入を条件とする無料商品の提供は、有料商品の効果的なPRになる。

- 無料サービスを提供すれば顧客が購入を急ぐのは、何かを無料で手に入れられるチャンスを逃したくないと思うからである。

第14章

アップセリング

価格の高い商品に顧客を誘導する

スーパーやカフェでの販売交渉も落ち着き、売上も順調に伸びるようになった8月、マギーに次の戦略を聞きに行った。

「チョコレートポットを飲みながら何を食べたい？」

「クロワッサン。クッキーでもいいかな。いつもは何も食べないけど」

「そこなのよ。その市場をつかんで、大きくしたいの」

「自社ブランドのクッキーでもつくるつもり？」

「いいえ。それは設備投資のリスクが大きすぎる。すでにリスクを取ってくれる取引先を見つけたの」

そう言って〝チョコレートティーポットカンパニー〟ブランドの商品を見せてくれた。チョコレートでコーティングされたジンジャークッキー、デニッシュなどだ。

「単なる商品ラインの拡張じゃないの？　ブランドイメージが低下するからマーケティングでは禁じ手だよ」

「ブランド力で売るつもりじゃなくて、新たな収入源にするつもりなの。チョコレートポットを飲んでもらうときの〝サイフの中身のシェア〟、つまり可処分所得に占める自社商品のシェアを高めるのがねらいよ」

工場内のカフェのメニューには、すでに新商品が加わっている。

■チョコレートポットS　360円
■チョコレートポットL　430円
■ジンジャークッキー　追加料金110円
■デニッシュ　追加料金260円

確かにデニッシュがあれば紅茶も売れそうだ。

「売上予想は？」

「はじめは価格を差別化して、価格をあまり気にしない顧客からの収入を確保するつもりだったけど、別の店で食べ物を買うつもりだった人たちにも購入してもらえることがわかったの。店側が積極的に販売してくれれば、売上は15％前後増える予想よ」

「価格を差別化するつもりなら、上位商品の価格を引き上げればいいだけじゃないの？」

「それほど簡単じゃないわ。**中心価格帯の商品より高額な商品を発売するのは常套手段だけど、最高額を引き上げすぎると全体的な価格イメージに影響しかねない。**仮にチョコレートポットが840円だとすれば、2つの悪影響が考えられるわ。まず平均価格帯が高くなるので、チョコレートポットとコーヒーの選択に迷っている人がコーヒーを選び、そもそもカフェに入ろうかどうか悩んでいる人が店に入らなくなる公算が高い。それだけじゃないの。最高価格が840円なら、360円の低価格商品はおいしいわけがないと思われてしまう。だから**差別化やアンカリングの価格は高すぎてはいけない**のよ」

「でも、どれだけアンカー価格が高くても効果があるって模擬裁判*で実証されてなかった？」

〔*……チャップマンとバーンスタインによる損害賠償請求の模擬裁判。判事役の被験者たちに訴訟概要を同じように説明するが、損害賠償請求額を100ドル、2万ドル、500万ドル、10億ドルと変えると、請求額に応じて賠償額も増えた。実際にはありえないような10億ドルの請求に対しても、500万ドルの請求額に対する44万ドルを上回る、49万ドルの賠償額を言い渡した〕

「状況が少し違うわ。模擬裁判では判事として損害賠償額を決めなければならず、ほかの選択肢はない。けれど競争市場では、気に入らなければ別の商品を買えるわ。たとえば高額商品を扱う店だと思われてしまえば、無意識に足が遠のいて、手ごろな商品があることに気づいてもらえない。ところが追加メニューを用意すれば、その価格は主体となる商品の価格とは同一視されないから、支払額の合計が４００円から７００円になるケースもあるの」

価格認識の複雑さがわかりかけてきた。価格が高くなければ、顧客は商品や店舗を購入の選択肢として検討する。そうなると実際の購入額ができるだけ多くなるように仕向けるべきだが、高額になりすぎて購入意欲をなくす事態は避けなければならない。しかも価値ある商品として記憶してもらい、繰り返し購入してもらいたい。さらに関係先の利益にも配慮し、メーカーの立場であれば小売店、逆に小売店であればメーカー、サービス業であれば代理店のマージンも確保しなければならない。

その方法は、第17章で詳しく説明するが、マギーには別の悩みがあった。

「取引先のカフェでは、ほかの飲み物ではなくチョコレートポットと一緒にクッキーやケーキを販売してもらいたいの。これからジェームズのメニュー案を見て意見を聞かせて」

ジェームズは真面目な青年で、白衣姿にやや違和感があった。

「いくつかのクッキーを用意しています。どれが一番お好きですか？」

種類の違うチョコレートポットとクッキーが並んでいる。

まず定番のミルクチョコレートのティーポット２８０円とチョコレートクッキー１６０円。

セットの場合、クッキーは100円。

次はビターなチョコレートポット320円とキャラメルクッキー90円。

3つ目はLサイズのホワイトチョコレートのティーポット460円とスコーン（バターつき）220円。

それぞれについてジェームズが説明してくれる。

「**顧客を高額商品に誘導するアップセリングには2種類の方法があります。**ひとつは、**商品に対する特定のニーズが強い顧客の購入額を増やす方法。**もうひとつは、**商品の魅力を高めるために補足的役割のものを提供する方法。**チョコレートクッキーは前者の事例です。甘いものが欲しく、そのためであれば支払額を増やしてもよいと思っている顧客をターゲットにしています。ある程度の糖分を280円のチョコレートポットで補給し、100円追加すればさらに補給できる。しかも値引きもある！　ほかの2例は後者の事例です。ビターなチョコレートポット好みの顧客も、少しは甘いものを一緒に食べたいと思っています。そして、のどが渇いているので何か飲みたいけれど、空腹でもあるという顧客向けの商品がスコーンです」

「価格については？　どうしてキャラメルクッキーがチョコレートクッキーよりも安いの？」

「明確な根拠はありません。それぞれの価格帯を変えようとしています。顧客によって好みが違いますし、ビターなチョコレートポットを選ぶ顧客は、甘い飲み物を好む顧客にくらべてスイーツ類には関心がないようです。スコーンとの組み合わせは、合計金額が７００円を超えないほうが売れるみたいなので、わずかに下回る金額設定にしています。ここだけの話ですけど、先週ここに来られたコーザノーストラのオーナーの確かチャールズさんが、スコーン好きなのです」

リーバークラフト＆ギャンブルのＣＥＯチャールズ・リーバークラフトだ。なるほど。

翌週カフェに行くと、チョコレートクッキーを販売していた。最初は注文しなかったのだが、チョコレートポットを飲んでいる途中に甘いものが欲しくなり、一緒に安く買わなかったことを後悔した。ところがカウンターで注文すると、１００円に値引きしてくれた。プレゼントをもらったようで、ブランドロイヤルティーも高まった。

＊　＊　＊

アップセリングは一挙両得の手段である。売り手側は、それとなく価格の差別化を進められ、買い手側も商品特性をうまく選択して、望みどおりの商品に変えられる。

製造業にくらべてサービス業でアップセリングが多いのは、商品よりもサービスのほうが複数の要素が組み合わさっており、バリエーションをつけやすいためである。また、サービスの提供時には何度も接客の機会があるので、アップセリングが成立しやすい。追加サービスは不要だと思っていた顧客が、心変わりするかもしれない。

2つのアイテムを同時に購入する場合と個別に購入する場合とでは、意思決定のプロセスに大きな違いがある。たとえば、チョコレートポットとクッキーをパッケージで注文するときは、両方の価格を合計し、無意識に通常の購入額と比較するものである。**それに対してチョコレートポットだけを購入すると、クッキーの価格はチョコレートポットの価格にくらべるとわずかに思える。**しかも直感的に購入をためらうような額を大きく下回っている。個人差はあるが、100円以下あるいは50円を上回らない買い物であれば、それほど深刻に考えずに簡単に決断できる人が多い。そのため合計金額380円で販売するより、280円と100円に分けたほうがよく売れる。

購入判断に迷う金額は、何を購入するか、個人的な利用か、ビジネスかでも変わる。主体となるサービスがシャンプーカット5600円の美容院であれば、美容師のキャリアに応じて上級スタッフ7000円、店長9800円というアップセリングができる。また、追加サービスとしてヘッドマッサージを2000円、オリジナル商品としてコンディショナーやムースを

1600円で販売できる。主体となるサービスの購入が決定すれば、その費用は「**サンクコスト**」（**埋没費用**）になるので、追加サービスは、主体となるサービスにくらべてわずかな金額でサービスを充実させられるものと認識される。

別の事例として、クライアントから400万円のプロジェクトを受注しているソフトウエア会社について考えよう。この企業は、30万円や70万円の追加サービスを販売できる可能性が高い。やはりプロジェクト本体にくらべれば追加サービスの価格は安い。法人としての支払いでも、10万円あるいは5万円を下回る金額であれば、購入を躊躇または再検討するような状況にはならない。ただし場合によっては購入金額に関する組織規定があったり、正式な規定はないものの担当者の主観的基準に任されていたりする。

How to apply it
実践してみよう

第1章や第3章で作成した価値の表を見直してみよう。それぞれの価値について、どんな商品バリエーションが強みを発揮するか把握できていなければならない。

前章の無料サービスと異なるのは、自社の商品やサービスの主要価値を高め、アップセリン

商品のアップセリング

商品	価格	価値	アップセリングのアイテム	追加価格
チョコレートポット	280円	甘さ（強い）	チョコレートクッキー	100円
		空腹感（弱い）	スコーン	220円

グできる要素を見つけ出す必要がある点だ。

そこで、価値比較チャート（292ページ）を見ながら、すべての価値を満たしきれていない商品を選び、不十分な価値を特定しよう。

その商品を購入した顧客、あるいは購入を検討している顧客には、不十分な価値を満たす追加アイテムを販売できる。しかも追加アイテムなので、主体となる商品の価格認識を上げることなく高いマージンを得られるため、購入する顧客数がわずかであっても、多大な利益につながる可能性は高い。

具体的には、299ページの表に主体となる商品と提供している価値を整理してみる。まず顧客に強くアピールできる価値について、その価値を一段と強化するための新たなアイテムを考えよう。たとえばチョコレートポットの「甘さ」は、チョコレートクッキーでさらに満たされ、美容院でのヘアカットサービスの「もてなし」は、マッサージでさらに高度になる。

次にアピール力の弱い価値に移り、その改善策を見つけ出そう。一般的に弱い価値を強化するためのアップセリングのほうが、アピール力の強い価値の場合よりも高い価格設定ができる。ただし例外もあるので、実際に検証を行い、適正な価格を判断したほうがよい。

In focus

購入頻度による価格戦略の違い

行動経済学の重要な研究テーマがある。消費者への心理的影響は長期にわたって持続するのか。それとも同じ店を何度も訪れたり、市場との接点が増えたりすれば、すぐに効果がなくなるのか。初めてスターバックスを利用する顧客は、ラテに700円支払うかもしれないが、ほかの店に行けば350円で購入できるとわかれば、顧客側に有利な競争が始まり、価格は低下傾向になる。

確かにその状況には一理ある。**市場や標準的商品および価格について理解が深まれば、消費者として「合理的な」行動をする**ようになる。一方、**あまり知らない商品を購入するときには、情報不足なので、ポジショニングや関連する価格などの指標に、無意識に誘導される確率は高い。**

だが、市場を知ることによる「学習効果」は、価格に対する心理的効果をゼロにしてしまうのだろうか？　それは違う。

本書の内容は、一般的な購買層の市場に商品を販売しようとする人たちを対象としている。もちろん第一印象の形成からイメージアップ、顧客に対する一貫性のあるポジショニング戦略とブランドコミュニケーションを通じた企業メッセージの浸透に成功しなければ、うまくいかない部分もある。そのため「ポジショニング」（第1章）や「記憶」（第6章）の説明では、既存商品の顧客の知識をうまく利用した第一印象の形成方法や、顧客に常に一貫したイメージを見せる手法を解説してきた。

しかし、一度だけの商品購入や日常的でない購買行動でも、多大な効果が期待できる手法もある。

たとえばコンサート会場や劇場で何か買おうとしているとする。おみやげ用のパンフレットやDVDなので商品知識は少ないだろう。ワインのように日常的に購入している商品であっても、おそらく購入する状況が違う。そのため適正な価格がわからないので、「アンカリング」（第7章）や「おとり戦略」（第9章）はきわめて効果的なはずである。顧客が初めて接する商品の価格を高く誘導するのは、比較的容易である。私も先日、ブロードウェイの劇場でダイエットコークに10ドルも支払ってしまい、今後の教訓にするつもりだ。

顧客の防御心は、こうした非日常的な状況に置かれると低下する。日常的な行動様式に戻るには、商品が提示価格に見合う楽しさを提供してくれるかどうか考えればよいだけなのだがいつもであれば無意識に感じるような、「この取引は適正だろうか？　別の場所で買ったほうがいいのではないだろうか？」という問題意識も低下してしまう。その原因は、ほかに購入場所がない、自分の置かれている状況についての情報が少ないことなどが考えられる。

そのような経験は、時間がたてば忘れてしまうわけではない。ダイエットコークが10ドルもする劇場の方針に疑問を感じ、その事実を何度も人に話す。だが劇場に二度と行かないわけではない。仮に私1人が行かなくなっても、劇場には大きな影響はなく、すでに9.80ドルの利益は得ているはずだ。それだけの金額を受け取る覚悟があり、高額だと思われてもかまわないのであれば、そうすればよい。

しかし、顧客に適正な取引だと思われ、繰り返し購入してもらうには、心配りが求められる。自社製品と低価格の競合製品との直接比較が可能で、顧客が法外な支払いをしたことに気づいていれば、顧客を取り戻すことはできない。だからこそ「ポジショニング」が重要なのだ。自社の商品やサービスを低価格の競合商品やサービスと差別化し、高額商品としてアンカリングしなければならない。

したがって、**自社製品がどこにでもある商品として認識されることは、どうしても避けなければならない**。チョコレートポットを販売するだけでなく、チョコレートクッキーと一緒に販売すれば、競合他社はその組み合わせをまねできない。また、独自に考案した法律サービスを会員だけに提供すれば、ほかの法律事務所と差別化できる。ほかにも書籍をオンラインでの双方向の書評とともに販売したり、著者との懇談会とともに販売したりすれば、読者が列をなすかもしれない。自社商品の顧客にとっての価値を自在に操り、本書で紹介する戦略をうまく応用できれば、顧客に繰り返し商品を購入してもらえるに違いない。

第14章のまとめ

●商品の購入を決めた顧客は、その価値の強化につながる（商品価格より）低価格のアイテムに強い魅力を感じる。

●アップセリングは、商品の特定の価値を強化するのに役立つ。たとえば紅茶に「甘さ」を求めている顧客には、チョコレートクッキーを販売すればさらに「甘さ」が強まる。

●アップセリングは効果的な価格の差別化手法であり、さらなる出費を惜しまない顧客層の購入価格の増加につながる。

第15章

提携販売とバリュープライシング

高額商品に価格を吸収させる

季節は秋に移り、マギーと会う機会もすっかりなくなったが、次々と新商品は発売されている。鉄道会社や航空会社との契約にも成功したようで、各社のサービスのメニューに並んでいるのを見かける。小売店より高めの価格設定なのは、提携先に手数料を支払わなければならないのだろう。

工場を訪ねると、忙しいマギーに代わってマーケティング担当のサンドラが新しい商品や戦略を説明してくれると言う。記事になりそうなので、さっそく航空会社との契約について聞いた。

「正確な手数料については言えませんが、小売店などにくらべて高額というわけではありません。こちらから高価格で販売するようお願いしているのです」

「競合他社がいないから？」

「いいえ。法外な利益を得ているとは思われたくありませんから、理由を説明しましょう」

サンドラが取り出した表によると、休日の出費について次のように書かれていた。

■飛行機　5万円
■ホテル　8万円
■タクシー　2万円
■食事　7万円
■チョコレートポット　1000円

「おわかりですか？」

「こうやって並べると、おもしろいぐらいチョコレートポットが安く思える。休日には思い切って少し贅沢するんだね？」

「そのとおり。だからぴったりの商品もつくりました」

自信たっぷりに見せてくれた箱からは、銀色の紙に包まれたオレンジ色のポットが登場した。

「今日は車で来られましたか？」

「いいえ。電車で」

「じゃあ、お湯を注いでみてください」

いつもの茶葉とホワイトチョコレートの香りが広がる。でも何か違う。オレンジの匂いと一緒にツンとしたものが鼻をとらえた。

1分後、カップに注いで飲んでみると、一気に温かさが口に広がり、のどに刺激を感じて一瞬飲み込めなかった。

「アルコールが入っているの？」

「新商品の〝ティーカクテル〟です。商品名は〝カクティー〟（Ｃｏｃｋｔｅａ）にしようと思ったのですが、男性に珍妙なイメージを持たれても困るので……（Ｃｏｃｋは俗語で「男性器」の意）。価格は機内で１２００円、列車内で１１００円です。フライト費用に１万４０００円以上払う顧客は、１２００円程度の出費であれば気にならないことも調査済みです。チケット料金に含まれるようにしてもらうつもりです。ますます価格が気にならないように」

ティーカクテルは、ホテルの客室のミニバーでもヒットしそうだ。宿泊料金が一泊２万８０００円であれば、１２００円の追加出費はわずかな金額だ。レストラン向けにもよいかもしれない。

「次の展開として考えています。レストランは巨大市場になりそうです。ちなみに今回の新商品にはアンカリング効果も期待しています。ティーカクテルの横に通常商品を並べると５６０円という高価格で販売できるのです」

How to apply it

実践してみよう

同様の手法を実践するには、提携先を見つける必要がある。候補となるのは、商品やサービスの価格が自社を大幅に上回る企業であり、引越しサービス会社であれば不動産会社、7000円前後のソフトウエア販売会社であれば14万円のコンピュータの販売店などと交渉しよう。また、提携企業は人気企業でなければならない。たとえば自社のソフトウエアを買おうとしている顧客に対して、価格が20倍以上のコンピュータ本体を購入してもらうように仕向けるのは現実的ではない。その非対称な関係から、逆に顧客が14万円のコンピュータや5000万円の住宅を購入するつもりであれば、付随的商品の購入はかなり少額に思えるので価格をあまり気にしない。

もちろん自社商品は、競合商品と品質、味、機能性といった面で差別化しなければならないが、提携販売してもらうほうが顧客が支払う金額も増えるはずだ。

実際には、顧客より提携先への売り込みのほうが重要である。自社商品が、どれだけ提携先の顧客の利益になるかを納得してもらわなければならない。

提携先からは販売手数料を求められるのが一般的で、航空会社のティーカクテルの販売に対しても支払われる予定である。ただし、一部の専門サービスでは販売手数料を受け取らない（あるいは受け取りが許されていない）。

いずれの場合も、自社商品が提携先の顧客満足度向上にどれだけ貢献できるかを考えるべきである。引越しサービス会社であれば、提携によって不動産購入者の引越しがスムーズに、ストレスなく進むことを不動産会社にアピールし、ソフトウエア販売会社であれは、ターゲット層が一致していることを確認した上でハードウエアメーカーと連携する。付随的商品を提供するのは、提携先の商品が、ほかに例のない商品やサービスとなるためのサポートが目的である。

したがって、商品の売り込みでは、他社とは差別化したオリジナル商品であると強調する。それが提携先の顧客へのアピールにも通じる。価格は提携先のほうが大幅に高額なので、品質が重視される。そうなると自社のマージンも確保しやすい。値引き要求があるとすれば、手数料率の引き上げや販売促進キャンペーンとしての商品の導入である。

業種によっては他社と提携せず、自社商品との「セット販売価格」を設定し、多様な価格帯で複数の商品を販売している事例もある。この手法のメリットは、低価格帯の商品に対する価格の敏感さがなくなる点である。アップセリングの効果とも似ている（第14章を参照）。

ほかにも、高価格商品と並べて販売してもらうというアイデアもある。車のタイヤのように別の商品の付属品であれば、違和感なく受け入れてもらえる。そうでない商品には工夫が必要だ。たとえばマーケティング関連の書籍は、高額な経営セミナーの会場で販売してもらったり、ヘアウィッグは高額なドレスとともに販売してもらったりという戦略が欠かせない。

次に挙げるのは、この手法の代表的事例である。

■レストランで食事とともに飲み物を販売する
■長距離旅行と食事をセットにする
■車やコンピュータとともに周辺機器を販売する

Case study

リース契約の提携販売戦略

車のリース会社にソフトウエアを販売しているXSQは、ユーザー数に応じた課金モデルが正しいかどうか疑問に感じていた。

小規模なリース会社からはソフトウエアのパッケージとしての料金設定に反対されてい

るが、おそらく一部の企業は複数のユーザーがソフトウエアを共用し、適正な料金を支払っていない。一方、大手リース会社のなかには規定どおりの料金を支払っている企業もあり、料金の引き上げを受け入れてもらえるのではないかと考えている。問題は、どうすれば大手企業からの収入を増やしながら、小規模なクライアントとの契約も維持できるかである。

クライアントにとっての価値を高めるには、次の方法がある。

■リース終了後の車両の残存価値の向上
■顧客の増加
■リース台数の増加
■1台あたりのマージンの増加

いずれもXSQのソフトウエア利用者数とは関連性が低い。そのため自社の価格方針とクライアントにとってのソフトウエアの価値との結びつきが、強く意識されていない。

そこで、ある既存クライアントを対象にした実験プロジェクトを立ち上げ、ソフトウエアの価格とソフトウエアの成果としての利益を連動させてみた。車両1台あたりのマージンと平均残存価値の数値から前年のデータを計算し、翌年のデータを予想した上で、XSQ

側は利益の30％を要求した。だが交渉の結果、ソフトウエアによる利益のわずか12％の取り分になった。

翌年から料金設定を変更したが、ＸＳＱは何度もクライアントと契約の詳細について協議しなければならなかった。小型車は当然ながら残存価値が小さいので、その点にも配慮を求められた。また市場金利が上昇すれば、マージンも当然増加するので、クライアントはその点の見直しも求めてきた。

その後のクライアントとの交渉では、それらの要素を価格に反映させようとするが、次々と予期せぬ変化が起こってくる。根源的な問題は、支払金額の確定にかなりの時間がかかる点である。リース契約によっては3年以上戻ってこない車両もあり、それまで残存価値は計算できない。そのためＸＳＱは、ソフトウエア料金を支払ってもらうまでに数年間待たなければならない。実験プロジェクトでは大きな問題にならないが、クライアントすべてに同じシステムを導入すると、キャッシュフローに深刻な影響が生じる。

だが、マーケティング担当者が「**価値の代用**」と「**提携販売価格**」を組み合わせる方法を思いついた。ソフトウエアによる利益を正確に計算しようとするのではなく、車体価値とリース契約期間から1台あたり4000～1万5000円の想定価格を決める。その後、クライアントのリース状況から、料金を調整する。

リース会社には、主に2回の資金のやり取りがある。まず車両購入時に98万〜280万円支払い、リース契約が成立すると7万〜14万円の手数料を受け取る。そこでXSQは、それらのタイミングにあわせて料金を回収できるように1台あたりの単純な課金モデルをつくり、車体価値の平均0・5%をリース契約成立時か顧客からサービス料金を受け取る四半期ごとに徴収することにした。そうすればクライアント側もみずからソフトウエア料金を支払う必要がなくなり、次章で説明する「**他人のお金**」**の原理**を使えば、ソフトウエア料金をリース料金に転嫁できる場合もある。

規模の小さいリース会社はキャッシュフローに苦慮せず、リース収入に応じた支払いが可能になり、大手リース会社がソフトウエアの開発費用の多くを支払う仕組みになる。結果的にXSQは、以前にくらべて平均40%以上料金を引き上げられた。

Case study

マーケティングコンサルタントの価格戦略

C社は、マーケティングに関するコンサルティングを行っている。主な業務は企業メッセージをうまく伝えるコピーライティングのサポートだが、ブランド戦略やマーケティングツールのデザインについてアドバイスするケースもある。

コンサルタントの慣例にならって、報酬は1日あたりの固定料金である（クライアントによっては交渉できる）。

平均的コンサルタントの相場料金は、1日あたり5万〜20万円とされている（上限に近い金額を稼ぐ個人コンサルタントはほとんどいないが、法人であれば一般的な金額である）。C社の場合、5万〜7万円の下限に近い報酬を稼ぐために、ほぼ半日を費やしている。

このビジネスモデルでは、コンサルタントがサービスを提供する費用を基準に価格を算定し、クライアントに提供する価値は考慮されない。たとえばC社がデザインした広告のおかげでクライアントの新商品の売上が3億円であっても、C社の作業期間が2日であれば報酬はわずか11万円になる。

コンサルティング業務で1日あたりの報酬制度が好まれるのには、3つの理由がある。

ひとつは、コンサルタント側のリスクが軽減される。目標や価値の達成度に基づいて価格設定されると、一定のリスクが生じる。実際に目標を達成できるだろうか？　達成できなければ、無報酬になりかねない。1日あたりの料金制であれば、結果にかかわらず1日あたりの報酬額が予想できる。

2点目は、コンサルティングはオーダーメイドの部分があるので、クライアント側の価値を反映した汎用性の高い価格モデルをつくりにくい。なかでも経営コンサルタントのような幅広い業務に関連するコンサルティングは、1週目はコールセンターのカスタマーサービスの業務改善、2週目は販売代理店との新たな関係の構築、さらに翌週は資金調達のための事業計画策定のサポートという状況になる。それら各業務の価値には大きな開きがあり、その算出や価値の一般的定義は容易ではない（価値指標の作成だけで実際のコンサルティングと同じだけの時間がかかる）。

3点目の理由は、クライアントの関心が、価値ではなく「適正な取引」をしているかどうかにあるからだ。取引が適正かどうか、公正かどうかの判断基準が価格以外になければ、1日あたりの報酬にしておけばクライアントは評価しやすい。（最初に述べたように）コンサルタントの標準的な日当はわかっているので、その範囲外は不公正と見なせばよい。1日あたりの報酬が56万円、年収1億円と言われれば、本当にそんなに高額なのかどうか聞いてみればよい。逆に1日あたり1万円、年収300万円であれば、コンサルタントは自信がないのではないかと心配になり、警戒する。このように1日あたりの報酬制度であれば、取引が公正であるかコンサルタントが良心的であるかをクライアント側が判断しやすく、値引きの強い交渉力も持てる。しかも、コンサルタント同士を同じ条件で比較している感覚になる。ただし実際には、そのような比較は不可能に近い。

確かにそれらの理由はあるが、クライアントの価値に基づく価格設定ができれば、コンサルタント側のメリットはきわめて大きい。クライアントに対する業務改善のコンサルティングによって1億5000万円の利益があれば、コンサルタント側は1500万〜3000万円のサービス料を受け取れるようにすべきである。そうなれば当然リスクもあり、150万円の利益しか得られなければ、コンサルティング料金も22万円程度にしかならない。けれどクライアントの目標達成に貢献できる自信がなければ、業務を引き受けるべきだろうか？

クライアントの価値ベースの報酬は、（ほぼ例外なく）業務による利益を適正に配分するだけでなく、直接的なメリットもある。

■コンサルタントが最大限の価値を生み出せそうな業務を引き受け、そうでないものは断るようになる。そうなると高い成果が期待できるので、クライアントにとっても、コンサルタント自身にとってもメリットは大きい。

■プロジェクト進行中、コンサルタントは最優先すべき業務に集中し、無駄な作業や会議をゼロあるいは最小限に減らせる。

■結果的にコンサルタントは収入が増え、クライアントは上質なコンサルティングを受けられるので、両者にとってメリットがある。

ただし、価値に基づく価格設定は、簡単には導入できない。2つの難題は、価値指標の設定とクライアントの説得である。

クライアントの説得は容易ではない。既存の価格モデルを変えようとすれば、値上げを望んでいるのだとクライアントは思い込む。説明してきたようなメリットを指摘しても、コンサルタント側はこれまでも最大限の努力をしているはずであり、クライアントとして相応の料金を支払っていると主張されるかもしれない。

うまく反論するには、サービスのポジショニングを変えればよい。既存のクライアントよりも新規クライアントのほうがスムーズに進みやすいが、みずからの業務をコンサルティングではなく、一種の商品のように売り込む。既存のコンサルティングサービスの代役や競合相手ではなく、抱えている問題の解決役として認識してもらう。C社が料金設定をうまく変えられるかどうかも、この**リフレーミングの判断次第**である。

新規のクライアントとの交渉では、望んでもいない方法を強制されているという心象を与えないように、1日あたりの料金も同時に提示したほうがよい。特にリスクが高く、クライアントが実施を決めかねているようなプロジェクトの場合、新たな料金体系の提案が効果的である。結果や成果ベースの報酬システムという条件で、プロジェクトの実施が決まる可能性もある。一度前例ができれば、次の交渉はスムーズに進みやすい。

客観的なコンサルタント業務の**価値評価**が困難なのは、多くの要素が同時に変化しすぎるからである。たとえば、クライアントの広告メッセージの変更に携わり、その後の売上が10%増加したとする。それは広告の成果だろうか？　広告予算を増額したおかげだろうか？　あるいは有能な営業担当者を採用した結果だろうか？　コンサルタントの業務実績を評価するために、企業側に一切の業務を従来どおりに続けてもらうわけにはいかない。また、クライアントが多くの顧客を抱える大企業で、マーケティング活動の成果を検証する強い決意を持っていなければ、広告メッセージを一新し、その成果を正確に比較するようなこともできない。

そのためコンサルタント側は、代用となる価値指標を設定する必要がある。つまり客観的に評価できる変数で、コンサルティングによって生じる価値に類似するものを探す。

C社を事例に具体的な手順を紹介しよう。

■クライアントにとっての価値を分析すると、新規顧客の獲得、ブランドイメージの向上、既存顧客への販売量の増加、コンバージョンレート（自社のウェブサイトの来訪者のうち商品を購入したり、会員登録をしたりする顧客比率）の向上。

■それらの価値を評価しやすい指標にすると、広告による成果である。

■そこでまず広告戦略の策定料金を28万円とする。引き続きC社が広告作成作業に加われば、その費用は広告作成料金から差し引く（ただし差引額の上限は広告作成費用の25％までとし、無報酬作業が増えすぎないようにする）。

■クライアントが採用を決めた広告デザインごとに10万5000円を請求する。デザイン案の段階では、クライアントに選択権がある。正式決定後、C社が本格的なデザインを作成し、広告実施時に費用を受け取る。

■広告の再使用料は1万4000円とする。そうすればC社は成功報酬を受け取れる。それだけでなく積極的にクライアントを訪問し、その後の広告についての検討や改善をサポートする意欲も持てる。さらにクライアントに価値ベースの料金体系のメリットも理解してもらいやすくなる。

第15章のまとめ

●自社商品の価格を高額商品の価格に組み入れてもらう、あるいは自社商品を高額商品と並べてもらえば、顧客は迷わずに購入するようになる。

●そのとき自社の商品やサービスによって、顧客満足度や利益率などの重要な指標に改善が期待できると説得できれば、高額商品と並べてもらいやすくなる。

●法人営業の場合、相手の高額商品の売上に応じた報酬にすれば、より高額な利益が見込める。

第16章

他人のお金

第三者が支払うときの購買心理学

マギーにすすめられたので、企画営業担当のブライアンの運転する車で保険会社のブリストルに同行した。到着後、隣でプレゼンテーションを聞いていた。

「御社のスタッフの1日の生産性の変化をご存じですか？」

人事部門の責任者のハンナが知らないと答えると、ブライアンはグラフを取り出し、平均的な事務所スタッフの生産性について説明を始めた。午前9時30分から11時、午後3時からの30分にピークがあり、それ以外の時間帯は、ピーク時の半分にも達していなかった。

「このような時間による生産性の違いは、血糖値とリンクしています。血糖値が集中力に影響しているのです」

続きの説明を要約すると、チョコレートポットをはじめとする紅茶やコーヒー、食事の1日のスケジュールに注意すれば、スタッフの健康ならびに生産性の向上に役立つという内容だった。最後には、そのためのコンサルティングサービスとスタッフへのアドバイス、毎日のチョコレートポットの提供を売り込んでいた。

鞄から1日のスケジュールにあわせた5種類のチョコレートポットを取り出し、説明書とｉＰａｄを使って、スタッフの職務時間にあわせてチョコレートポットを飲むタイミングをアラームで知らせるソフトをデモンストレーションする用意周到ぶりだった。

「スタッフの生産性は15％向上しますから、御社の売上で計算しますと1人あたり1日1万５００円の追加売上が見込めます。しかもスタッフの健康管理への配慮によって、会社へのロイヤルティーも高まります。１人あたりの費用は1日わずか１２６０円ですが、いかがでしょう？」

データに納得しながらも、経営陣の承認が必要だとして即断しないハンナに、ブライアンは試験導入を提案した。

「1カ月あたり14万円の費用でも経営陣の決裁は必要ですか？」

「いいえ。でも何ができますか？」

「10人のスタッフを対象に3カ月間の試験導入が可能です。値引きさせていただきますが、できれば月末の決裁時に、対象を全スタッフに広げるかどうかの判断をお願いします」

ハンナは少し考えてから、その提案に同意した。

帰路、ブライアンはハンナとの交渉について説明してくれた。

「何よりも重要なポイントは、ハンナが他人のお金を使っている点です。本人のお金14万円を新たに出費させるのは並大抵ではありませんが、会社のお金なので、自分のサイフから支払わなければならないという辛さを感じないのです。自分のお金よりも会社のお金のほうが費用対効果を考えて、合理的な判断ができるという実証もあります。

2点目は、費用の月払い、アンカリング、パッケージ販売、スタッフ1人あたりの費用計算、試験導入期間という要素を提案に組み込んだので、支払総額を実感しにくくなったのです。

さらに3点目は、試験導入の合理性をはっきりと説明しました。グラフのデータを本当は信じていなくても、組織内で試験導入に疑問の声があがれば、生産性向上の可能性が高く、試験導入の費用が安いので、当然な職務判断だと説明がつきます」

3カ月後、ブライアンと試験導入の成果を確認に行くと、10人のスタッフの生産性は10%向上していた（「ホーソン効果」*が疑われるが、ここでは議論しない）。その結果、保険会社からは全スタッフ400人分のサービスの発注を受け、年間8400万円を超える売上になった。ブライアンの言葉どおり「チョコレートポット数杯の成果としては上々だ」。

（*……ホーソン効果は、自分自身が被験者として効果測定されているとスタッフが知っているときに起こり、実験内容に関係なく生産性は向上する。その効果が初めて確認されたのは、照明による工場での作業効率への影響を調べる実験だった。照明を明るくすると、確実に生産性は向上した。ところが4週間の実験が終わり照明を暗くすると、生産性はさらに向上したのだ！　したがって実験は正確に行い、被験者はランダムに選ぶとともに実験者と被験者の両方に実験対象内容を知らせない「ダブルブラインド手法」を使うなど、実際には起こっていない効果を誤認しない工夫が求められる）

＊　＊　＊

この章のテーマは、チョコレートポットを販売するために効果的な2つの視点である。

ひとつは、**商品の「サービスへの転換」**である。具体的に目に見えないノウハウとのパッケージをつくり、チョコレートポットやソフトウエアを組み入れてイメージしやすくしている。価格設定では、具体的なものとしてのイメージは重要な意味を持ち、手で触れられるほうが購入判断はしやすい。自分が何を買おうとしているかはっきりし、不安の原因も排除しやすいからだ。

また、実際に手に触れられるものに対しては、心理的な「**保有効果**」が起こり、**一度手にしたものは高く評価するようになる**（詳細は第11章「ティーパーティー効果」で解説した）。この現象は「**損失回避**」とも関連し、**すでに持っているものを手放す苦痛は、同じものを手に入れる喜**

びよりも大きい。 それらをうまく利用すれば、売り込もうとする商品やサービスの価値を高められる。

もうひとつは、**「他人のお金」の効果**である。ここでの事例では、ハンナが支払うのは企業のお金であり、自分の所持金ではない。同様の状況は玩具店でも見られる。子どもたちが価格を気にしないのは、代金を支払うのが通常は親や祖父母だからである。もちろん価格は重要な要件であり、商品は価格以上の価値があると感じてもらわなければならないが、**自分の所持金から代金を支払うわけでなければ、心理的な抵抗感はすっかりなくなる。**

何かの購入判断に迷う原因の多くは、失敗するのではないか、期待を裏切られて後悔するのではないか、ばかげていると思われないだろうか、どんな商品かわからないものを購入してよいのだろうかなど、心の葛藤によるものである。法人の場合、それらの心配をせずに明確な根拠に基づいて購入の判断をする。

だが法人への営業では、競合他社と比較されやすい、代金を後払いにしても効果が期待できない、おとり価格やアンカリングを利用した目に見えない価値に購入判断が左右されにくいなどの課題もある。それらの戦略の効果は、ゼロではないが個人の購入判断のときよりは小さい。

How to apply it 実践してみよう

各自の商品やサービスの売り込み先が、個人あるいは法人に限定されているかもしれない。そのときの主な戦略は説明したが、巧みなコミュニケーション手法もいくつかある。一般消費者を販売対象にするときは、次のようなテクニックを利用しよう。

1. 第三者が購入できるようにする。たとえば宝飾品は、身に着ける本人より恋人が購入するケースが多い。ダイヤモンドの販売促進の成功事例としてよく知られているように、20世紀にデビアスは、欧米諸国で婚約指輪にはダイヤモンドを贈り、（狂信的とでも言えそうだが）価格は男性の給与の1カ月分があたりまえという慣習をつくりあげた（日本では3カ月分）。最近では2カ月分にしようという動きもあるようだ。欲深い話だが、その厚かましさには脱帽である。

2. 費用を第三者の支払いに組み込んでしまい、目立ちにくくする方法を指南する。新しい家具は住宅購入時に売り込み、住宅ローンの金額を少し増額して代金の支払いに充当してもらう。購入者は自分の所持金ではなく銀行のお金を使っている感覚になるので、購入判断をためらいにくくなる。

3. 業務用となる正当な理由を見つけ出し、購入者が経費処理できるようにする。

4. 法人に販売する方法を考え出す。そのためには第1章や第3章で作成した価値の比較表を見直し、企業にとっての付加価値を探す。本章で紹介したチョコレートポットの生産性向上サービスへの変換事例のように、柔軟な発想ができるはずである。クライアントが販売促進や従業員の意欲向上のために無料配布する商品として提供する簡単な方法でもよい。いずれの事例も、個人顧客が購入する場合の商品の価値とは違いがある。

法人対象のビジネスでは、どうすれば自社商品が経営陣以外のスタッフに魅力的に感じてもらえるかを考える。どうすれば商品の購入を人事、経理、営業部門の責任者たちの業績評価に結びつけられるか？　どのような指標やデータを準備すべきか（生産性、節税額、年間の予算や売上目標への貢献など）？　担当者が自信を持って商品を購入し、経営陣や株主たちに購入の正当性を説明できるように、どんな材料を用意できるだろうか？

In focus

価格は公表すべきか？

業種によっては意味のない問題である。小売業や多くの消費財メーカーは、当然のように店頭で価格を表示している。

しかし、価格の公表が意味を持つ業種もある。なかでも法人営業の場合、悩ましい問題である。ウェブサイトで価格を公表し、競合相手や顧客が調べられるようにすべきか、それとも顧客からの問い合わせに応じて個別の見積りを作成すべきか？

価格の透明性を変える場合もある。取引先になりそうな企業から問い合わせを受けたケースだけ価格表を送り、ウェブサイト上には公表していない企業もある。レストランなどはメニューに価格を表示しているが、顧客が価格で判断しにくいよう目立たないレイアウトにしている。

価格表示に「賛成派」の主張は、次のとおりである。

■顧客に誠実なイメージを与え、信頼が高まる。

■公正なイメージにつながりやすい。表示がなければ、顧客の支払えそうな金額に応じて価格設定しているのではないかという疑念を抱かれる。
■表示価格を支払うつもりのない顧客を排除できるとともに、価格表示のない競合相手を嫌う顧客には魅力的に映る。

逆に「反対派」の見解は、次のようなものである。

■競合相手が値引きしやすくなる。
■本当は顧客の支払えそうな金額を見極めて価格設定すべきである。

市場や競争状況によって正しい判断は異なる。どこか1社が公表するまで共謀して価格を公表せず、他社をけん制する業種もある。そうなると最低費用の企業が最初に価格を公表し、購入者に価格の比較を促す可能性が高い。

顧客に商品を購入してもらえるようになると、価格とともに低価格の追加商品も目立たせて、アップセリングに誘導する戦略も可能になる。そのときに注意が必要なのは、各種手数料を付加していくような「**ドリッププライシング**」の倫理上や法律上の問題である。

イギリス（およびヨーロッパ）では、消費者に誤解を与えるような価格設定は禁じられている。

逆にアンカリングのために高価格を表示し、値下げ交渉に応じる手法もある。だがこの手法には、高価格だけを見た顧客や交渉できると思っていない顧客が購入をあきらめてしまうリスクもある。

総合的に判断すると、営業担当者や交渉担当者が高度な技能を習得していれば、価格を公表すると利幅は大幅に縮小する可能性がある。顧客に注目してもらうために価格を公表しなければならないとすれば、一部だけの公表にとどめ、利益を確保できるような交渉内容や顧客に応じた見積方法を検討するのが最も賢明である。

第16章のまとめ

●購入者が企業の担当者として購入の判断をしていれば（あるいは第三者であれば）、出費をためらう多くの心理的要因はなくなる。

●ただし購入者の評価や資金管理者としての責任が関係していれば、簡単には購入の決断はできない。

●それらの障害がなくなってしまえば、従来の経済学における限界便益を基準にした購入判断のように、かなり合理的行動になる。価値を実証できるときは、新たな特性を備えた高額商品へのアップセリングもしやすい。

第17章

価格設定の環境整備

価格によるメッセージで
顧客行動をコントロールする

真夏になり、定期的な工場訪問も終わりに近づいた頃、社内の混乱状況に遭遇した。事務所をのぞいてみると、あわてた様子で電話応対しているスタッフ以外は、深刻な表情でテーブルを囲んでいた。

面識のあるサンドラがようやく気づいてくれた。

「先月のスーパーの売上が急増した原因が発覚したところです。コーザノーストラがこれまでの発注を80%減らし、スーパーの営業担当から商品を仕入れていたのです。スーパー向け商品を購入して販売するほうが、当社から仕入れるよりも安いですから」

「パッケージを開封する手間が大変じゃないの？」

「それを考えても安いです。スーパーの店頭価格は4パック280円前後、1個あたりの卸値は35円ですが、カフェへの卸値は98円と大幅な価格差があるのです」

スタッフはカフェの発注を代行しているスーパーの特定、別のカフェが密かに同様の動きをしていないかどうかの確認、スーパー用とカフェ用の商品デザインの差別化などの作業に追われている。

マギーは、カフェの責任者との電話を終えた。

「根本的な原因は、顧客層ごとの商品の差別化の問題ね。小売店の商品が流用されないような対策をしていなかったわ。コーザノーストラのビビアンの逆襲ね」

「どうするの？」

「スーパー用の商品に〝自宅使用限定〟というマークをつけるつもり。コーザノーストラのような全国チェーンは、そんなマークがついている商品の販売を嫌がるはずだから、うまくいくはず。でも長期的に考えれば、商品デザインをもう少し変える必要があるわ。カフェに対しては、高い価格を維持するための具体的な価値を提供しなければならないわね。カフェ用には高品質なイメージ、スーパー用には廃棄しやすいものかしら。すでにリサイクルについては検討しているの。カフェの商品はガラス製にして回収、再利用し、スーパーの商品は従来どおりプラスチック製にする予定。残念ながら生産費用はリサイクルするほうが高くなるけれど、ブランドイメージは向上するわ」

「今回のような事態は初めて？」

「いいえ。いくつもの販売チャネルをマネジメントするのは簡単じゃないわ。それぞれの価格にあわせた顧客のサービス内容を総合的につくりあげるのが難題ね。そのためには顧客の意思決定のプロセスを把握する必要がある。独自のフローチャートがあるのよ」

ポスターサイズの表には、顧客のチョコレートティーポットブランドとの最初の出会いから価値の認識、その変化の様子が整理されていた（次ページ）。

「ポイントは、**企業が顧客に提供する一連の価値を一定にすること**だわ。顧客へのサービスを常にまったく同じにはできないけれど、顧客の価値認識に大幅な違いがあってはいけない。価格や商品特性が購入場所によって大きく違っていると、いくつかの販売チャネルを閉鎖する事態になる。今回の問題の原因は、カフェとスーパーの商品の差別化をカフェに任せすぎたことにある。結果的にカフェが多大な利益を得られるようになり、企業として商品が提供する価値を十分維持できなかったのね。

もうひとつ複雑なのは、顧客が商品を購入するときの2段階のプロセス。まず顧客は商品の購入を決め、次にどの商品にするか判断しなければならない。そのときに手の届かない商品だと思われてはいけないけれど、購入する段階になるとLサイズやプレミアムフレーバーなどの高額商品を購入してもらいたい」

「どうすればうまくいくの？」

チョコレートポットを買うときの顧客の意思決定プロセス

最初の出会い	広告	記事	スーパーの商品	カフェの商品
価値のアンカリング	企業側の選択	記者の選択	同じ商品棚のヨーグルト、栄養ドリンク、高級菓子	淹れたてのコーヒー、紅茶
比較対象	紅茶や贅沢なサービスと比較したリラックス感	記事になっているカフェの商品などに対するポジショニング	ほかのテイクアウト菓子	上質なコーヒー
差別化要素	価格の非表示、いろいろなフレーバーなどのバリエーション、販売促進活動	記事内容次第、低価格帯や中間価格帯商品の推奨など	1パック：190円、4パック：620円、プレミアムフレーバー30％増	S：320円、M：390円、L：490円、プレミアムフレーバー20％増
継続的購入のきっかけ	継続的な広告掲載		データ収集	ポイントカード
販売強化の方法			定期的なスーパーの訪問	定期的なカフェの訪問

「完璧な方法はないわ。顧客は賢明だから、以前の購入額を参考にするはず。でもいくつか手はある。たとえば顧客は、３００〜４００円というように商品を価格帯で区分する傾向があるから、その範囲内であれば３２０円と３６０円の区別はつきにくい。日々さまざまな商品を購入していれば、その傾向はますます強いものよ。だから昔から３８０円という価格設定が成功しているのね。価格が４００円ではなく３８０円だと、ほとんど差がないのに顧客の認識する価格帯は下がるのよ。

チョコレートポットとクッキーを別々に販売する方法も有効ね。合計金額は６５０円でも、チョコレートポット自体の価格は３９０円にしておくの。カフェに入ってきた顧客は、無意識にチョコレートポットだけを買おうとしているけれど、ほかの商品もあるとわかれば、ついつい買ってしまうものよ」

＊　＊　＊

この章は、記憶の研究、パターン認識、認知的不協和、ゲーム理論についての説明である。

記憶の形成は複雑だが、広く応用できるいくつかの原則がある。たとえば繰り返しは記憶の改善につながるので、企業側が価格設定を通じて伝えようとするメッセージを何度も目にすれば、記憶に残りやすくなる。また、情報を目にする時間が長くなると記憶されやすいので、同じ環境に長く接していると強く記憶に残る。

パターン認識もきわめて難解な問題だが、この章の事例でいえば、継続性を持たせる必要性である。それぞれの販売チャネルにおいて、**商品の提供する価値を強調するイメージをつくり、顧客がそこで購入するように誘導する**。一部の例外を除けば、購入者は時間をかけずに購入する商品を選ぶので、第一印象はきわめて重要である。また、その後のコミュニケーションによって第一印象が変わってしまえば、顧客の記憶から消滅したり、思い出されなくなったり、購入する選択肢から除外されたりしかねない。

認知的不協和とは、**顧客が明らかに矛盾する2つの状況に遭遇したときに起こる現象**をいう。たとえば最高品質の商品だと思っているにもかかわらず、突然廉価品だと知るような状況である。認知的不協和はマイナスイメージにつながり、**顧客は不信感を抱くとともに、さらに脅威なのは商品を購入しなくなる危険がある**。

どんな場合も同じことを何度も繰り返し、顧客の商品イメージを確固たるものとし、商品購入の段階では忘れずに思い出してもらえるようにしなければならない。だがブランドによっては、その必要がない場合もあり、第6章で説明したように、コカ・コーラとペプシは巧妙な価格変更戦略を実施している。両社はブランドイメージがすでに定着し、価格戦略以外で強力なイメージやブランドのアピールをしている。

最後の**ゲーム理論**は、**相手との競争や交渉において両者が満足できるような、それぞれにとって実現可能な最高の戦略**を説明するものである。ゲーム理論の詳細については本書では説明しないが、巻末に参考図書として推薦する文献を紹介している。この理論でうまく説明できるのは、当事者同士が「合理的に」行動する時間的余裕があり、双方の利益を検討した上で相手が受け入れそうな戦略を考え抜く場合である。したがって、サンドイッチや紅茶の購買行動の理解には役立たない。しかし、自社商品を販売してもらうような大手小売りチェーンの戦略の策定にはきわめて有効なので、どのような戦略があるか、どうすれば最高の利益につながるかを考え、それにあわせた自社商品の価格設定や商品開発をすればよい。また、事例のように問題行動をしそうな取引先を事前に予測できれば、自社の戦略をあらかじめ変えられる。

How to apply it

実践してみよう

ここでのテーマは、**顧客行動の深読み**である。商品の購買行動について、売り手にくらべれば買い手はほとんど関心を持っていないものである。各自の商品を購入しているのも偶然にすぎず、別の選択肢も考えているはずだ。逆に売り手側は、常に多くの顧客に自社商品をどう販売し、どうすれば売上が増えるかに知恵を絞っている。

そのとき重要なのは、**顧客と自社商品との最初の出会いから、その後の購買行動の変化まで、終始どのように接しているかという視点**である。第一印象は？ 商品について初めて話を聞いたときの判断は？ 何かと比較するだろうか？ 瞬間的な判断は？（すぐに忘れられてしまう可能性があるので、瞬時でなければならない）

顧客が自社のブランドや商品、商品カテゴリーに接するのが2度目のとき、最初の印象と変わっていないだろうか？ 顧客の行動は直感的であり、時間をかけて論理的に判断するケースはほとんどない。そのため、**どんな問題や要望にも対応できる商品であると無意識に印象づけ、そのイメージを強化して忘れ去られないようにする必要がある。**

それらの手段として効果的なのは、価格戦略よりもブランディングや商品イメージだが、**商品の第一印象には価格が強く影響する。**したがって価格設定を工夫し、ありとあらゆる販売チャネルにおいて、それぞれの顧客にふさわしいメッセージを常に発信し続けなければならない。

「裁定取引」を阻止する価格設定

スーパーとカフェでチョコレートポットの価格が違うような状況は、顧客の立場からは矛盾を感じないが、販売チャネル間の「**裁定取引**」〔金利や価格の差を利用して利ザヤを稼ぐ取引〕につながる可能性がある。その2種類のパターンについて説明しよう。

販売チャネルの仕入れ担当者が価格差を見つけ、利ザヤを得られることに気づく。商品を定期的に購入するようになると、心理的効果が薄れ、どうすれば利益を増やせるか考えはじめる。

一般の消費者も、定期的な割引セールがあると、そのことに気づいて割引時期まで購入しなくなる。アパレル業界などが典型事例であり、年始や夏期の値下げが広く知られているので、定価で購入してもよいと思っている商品を、その時期まで買わない消費者も多い。

また、コンサルティングや会計サービスなど法人ビジネスの場合も、一度価格を引き下げると、値引き交渉が可能だと思われて、定価を支払ってもらいにくくなる。

これらの事態には、売り手側の対策が求められる。何よりも効果的なのは、**値引きが必要なときは商品を差別化する手法**である。チョコレートポットの事例でも、スーパー向けはプラスチック製、カフェ向けはガラス製と商品を明確に差別化し、販売チャネルによって別の商品を楽しめると感じてもらえるようにした。

一部の衣料品店では、人気商品の点数を意図的に減らし、セール時期まで待っていると欲しい商品が手に入らなくなるリスクがあると顧客に思わせている。また、賢明なコンサルティング企業は、合理的な説明がつかなければ値引きせず、経験の浅いスタッフを担当させたり、クライアントの1日あたりの支払上限価格でも赤字にならないようにプロジェクト期間を引き延ばしたりする。

顧客は、自分の行動が合理的でなくても、世の中は論理的だと信じるものなので（世界は正しく動いているはずだと考える「**公正世界現象**」とも呼ばれる）、価格が違う理由を説明しよう。そうすれば、売り手側が意図するように顧客は行動するようになる。

第12章で説明したパッケージ販売について思い出したかもしれない。ファストフード店のパッケージ価格と単品価格に整合性が必要なのも、同じ公正観が根拠になっている。合理的な説明がつかない価格設定は逆効果であり、意図する思いが顧客に伝わらなくなる。逆説的に言えば、**価格設定での最重要課題は、顧客に価格について考えさせないこと**である。

第17章のまとめ

●顧客層にあわせて価格設定を変えれば利益は増えるが、低価格の商品を購入して高価格で販売するという第三者の「裁定取引」が生じる可能性がある。

●その直接的な対応が困難な場合は、明確に商品を差別化し、正規の購入ルートを守るような心情にさせなければならない。

●価格設定における環境整備では、最初の印象も重要な課題であり、その印象次第で後の価値認識が大きく変わる。

第18章

「あげる」心理学

寄付の効用をマーケティングに取り入れる

12月、チョコレートティーポットカンパニーから「あなたが支援したいチャリティーはなんですか」という問い合わせのメールを受け取った。いつも悩む質問だ。命を救うような影響力が大きい活動だろうか、貧困層向け小口融資のマイクロファイナンスのように、持続可能な社会をつくるための活動だろうか、友人が参加しているとか近隣で行われているような直接かかわりのある活動だろうか。

少し考えて、「サハラ砂漠以南のアフリカ、サブサハラを対象としたマイクロファイナンス活動」と回答した。1月になると、スーパーで販売されているチョコレートポットの売上から1個あたり5円を寄付する月間キャンペーンが始まった。支援先は購入者のオンライン投票で決まる仕組みだ。

商品を購入したときは、必ずオンライン投票にも参加していたが、支援したいチャリティーのランキングが1位にならないので、友人にもメールで参加を呼びかけた。トップを奪還できるだろうか?

マギーと話す機会があったので、チャリティーについて聞いてみた。

「純然な慈善事業だとは信じられないの？　確かに売上も増えているわ。5円の値引きよりも寄付のほうが反応は大きいわね。チャリティーへの寄付は、自由にできるものだけれど、自分との関わりの低い企業の利益から寄付されるほうが、意味があると感じるみたい」

「なぜ投票にしたの？」

「**顧客に主体性を感じてもらうには重要な仕組み。**ただ5円寄付するだけなら平凡すぎるし、少額すぎて意味がない。でも投票によって総額500万円を寄付するとなれば、何かすごいことをしているような影響力を感じるでしょ」

「ちょっと愚かだね」

「選挙と同じね。1票による影響は本当に小さいけれど、投票行動によって考え方を同じくするグループに加わり、民主主義のプロセスに参加して社会は国民のためにあると思える。支援するチャリティーへの投票も、実際に行動して支援する方法になる」

「投票に参加するだけで終わったと思われない？」

「知っているかもしれないけれど、投票後の追加の寄付も募っているの。会社としても相応の寄付をする予定よ」

「売上への影響は？」

「約15％増加しているから、確実にビジネスにも好影響よ」

その後も投票の動向に注目し、ツイッター、フェイスブック、ブログでも支援する活動への投票を呼びかけるとともに、友人に嫌がられるぐらい何度もメールを送った。１位争いをしている活動の支援者たちの購入量も含めて、間違いなくチョコレートポットの売上は増えているはずだ。

締切日が近づくにつれて投票数は少しずつ増加し、29日の夜には「サブサハラのマイクロファイナンス」への寄付が４万４２００票、トップが４万４３５０票になった。翌日は４万６７５０票対４万６７９５票、最終日の午後10時には４万８８４１票対４万８８５５票まで追い上げた。

はらはらしながらウェブサイトの画面を見守り、11時30分になると、ついにチョコレートポットを買いに行くことにした。店に残る16個すべてを購入し、そのうち４個はプレミアム商品だった。締め切りの12分前に投票を始めると、４万９０１０票対４万９０１５票まで接戦になったが、残るチョコレートポットは３個だ。

ツイッター上でも大騒動だ。終盤になるにつれて投票の呼びかけメッセージが次々とリツイートされている。11時59分に最後の投票を済ませると、４万９４６０票対４万９４５８票、マイクロファイナンスが接戦を制した。

翌日にはマギーが投票者への感謝のメッセージを発表した（1月最終週の売上は相当伸びたに違いない）。最終的に2位になった活動に150万円、マイクロファイナンスに1200万円、投票者からの追加の寄付金がそれぞれ450万円と決まった。2月の終わりにキャンペーンのデータを見せてもらうと、約3万人の新規顧客の獲得につながり、既存顧客の購入額も増えていた。

＊　＊　＊

チャリティーへの寄付は、一般的な経済学の考え方ではありえない行為である。なぜ合理的で自己本位な個人が、積極的に他人への資金提供に応じるだろうか？　経済学の発想では無駄な行為になる。

だが実際には、寄付行為は日常的に行われている。イギリスの慈善団体の収入は、年間3・6兆円、そのうち20％が寄付によるものであり、国民1人あたりにすると1万4000円近い。しかもその数字には、家庭内の格段に大きい「贈り物」が含まれていない。親たちが住まいや食事を無償で用意しなければ、子どもたちに何ができるだろう？

なぜ寄付行為が成立するかを考えるのは、慈善団体だけでなくあらゆる企業が購買行動を分析する上で役に立つ。

寄付が行われる根拠として広く知られているのは「**温情効果**」であり、**チャリティーへの資金提供によって気分がよくなる**のだ。具体的な動機を分析すると、次のようになる。

■人生に前向きな目的があると思いたい（生きる意味の探求）

■他人との絆を感じたい（社会の役に立ちたい）

■自己中心主義や前向きでない行動とのバランスを図りたい（うしろめたさ、「わがままさ」との相殺）

■利益を上げている企業は、資金を配分する責任があり、チャリティーは再配分の一手段だという発想（政治的動機）

■他人から寛大さを評価してほしい（社会的ステータス）

■寄付が習慣になっているので続けたい（日常的習慣）

■他人のライフスタイルの改善に貢献し、資金を受け取る人たちが「自分のようになるために」サポートしたい、すでに「自分に近い」人たちを支援したい

■そのほか宗教的理由、義務、罪悪感など数々の理由

こうした動機は指標化しにくいという共通点がある。1000円の罪悪感は500円の罪悪感とは大きく差があるのか、友人が1万円寄付した場合と2万円寄付した場合では2倍好印象になるのか？

それらの明確な価値換算が難しいため、ここまでの章で説明してきたような戦略も応用しやすい。チャリティーへの資金提供の仕組みをつくるつもりであれば、資金提供の呼びかけを工夫すれば寄付金額は大きく変わる。

「**アンカリング**」の効果はきわめて大きい。最初に5000円の寄付を求め、そこから2000円に引き下げるほうが、はじめから2000円の依頼をするより寄付額は多くなる確率が高い。

「**双曲割引**」の影響も大きい。支援金の支払いを後日にしたり、すぐに5000円支払うのではなく毎月1000円支払う仕組みにしたりすると、賛同を得やすい。

「**無料サービスやパッケージ料金の設定**」も応用できる。毎月の寄付を依頼したいときは、なんらかの見返りを用意すればよい。ニュースレターの送付や展示会への無料招待、記念のバッジやペンなど、どんなものでも（提供側の多大な負担にならなければ）顧客の受ける価値は高まり、寄付金額が増える可能性もある。

「**一般的基準**」も重要な要素である。他人の寄付金額を見せられると自分自身も同等の寄付をしなければならないと感じる。特定の寄付行為に確実な合理性がなくても、仲間が寄付していれば正しい行為だと見なされやすい。

How to apply it 実践してみよう

ここまでの章で説明してきた営利活動における多様な戦略は、チャリティーにも応用できる。資金提供者にとっての価値の分析、チャリティーのポジショニングの決定、資金提供者グループの分類、アンカリング、資金の後払いやパッケージ販売の工夫を順次進めればよい。

営利企業の場合は、チョコレートティーポットカンパニーの事例のようにチャリティーの心理をうまくとらえ、売上の増加と善良な寄付行為を両立できる。

どうすれば顧客が自社商品を購入しながら寄付にも参加し、晴れやかな気分になれるかを考えよう。チョコレートポットの5円の寄付のように、商品購入ごとの寄付金額はあまり重要ではない。寄付行為による顧客の満足度は指標化できないからだ。

商品と寄付をうまく組み合わせれば、チャリティーへの参加度も高まる。**多くの消費者は、商品のブランドよりもチャリティーへの参加のための購入に強い関心を持つ**ので（当然ながら企業利益よりもチャリティーを重視する)、先の事例の投票プロセスのようにチャリティーに参加できるようにすれば、ほかのマーケティング活動より効果があるかもしれない。

まず第1章の価値の分析と第4章の顧客層の分類から、それぞれの顧客層にとっての価値を整理しよう。どれがチャリティーと共通の価値になるか? チャリティーは他人との価値観の共有であるという認識もあれば、チャリティーは人生の目的そのものという考え方もある。たとえば金融サービスを提供している企業は、募金を集めてマイクロファイナンスにすれば、投資と顧客の自立を両立できる。食品メーカーであれば、飢餓救済のためのチャリティーはよいアイデアかもしれない。

本格的なカレールーのメーカーであるマサラマサラの取り組みは、具体的な企業事例として参考になる。売上の一部をインド国内の貧困層の食事代として寄付している。アメリカの「プロジェクト7」も、水、ミント菓子、コーヒーなど幅広い商品の売上の一部を国内の貧困層への食事の提供などのチャリティーに使っている。いずれの企業も商品カテゴリーにあったチャリティーを行っているだけでなく(食品の購入が貧困層の食費の寄付になっている)、受益者の選定でも顧客の価値観に配慮している。

チャリティーの内容が決まれば、商品価格について検討するとともに、自社のマージンに影響せずに売上や顧客1人あたり購入額の増加につながる工夫をする。当然、支援する活動にある程度の寄付金が集まるようなキャンペーンにすべきであり、その金額次第では企業として相当の寄付が必要になる。いずれにしても売上の一部を寄付するほうが、同じ額の値下げよりも期待できる売上効果はかなり大きい。

価格戦略では、チャリティーへの寄付をうまく利用した値上げも可能である（10円の値上げをするとき、値上げ開始から一定期間は5円をチャリティーへの寄付にあてれば、顧客からの抵抗も少ない）。

類似する商品やサービスとの差別化手段として寄付を取り入れるのも効果的である。

商品金額のうちの一定額の寄付ではなく、財団を設立して利益や売上の一部を使ったチャリティーを行っている企業もある。それもひとつの形態だが、商品の購入プロセスのなかではチャリティーをアピールしにくい。**消費者本人の判断が直接具体的な寄付行為につながるほうが、購買行動にはつながりやすい。**

寄付の仕組みの導入後は、時間の経過とともに当初ほど効果が期待できなくなる。そのため期間限定のキャンペーンにすれば、終盤には売上の急増も期待できる。ただしキャンペーン終了直後は、先買いの影響によって売上が低下するおそれもある。

Chapter 18

In focus

価格モデルは何種類あるのか？

ここにさまざまな価格モデルを挙げておく。これらがすべてではないが、新たな価格設定を考えるときには参考になる。商品やサービスによってふさわしくないものもあるが、具体的な価格戦略の策定に役立ててもらいたい。複数の組み合わせも可能である（物価連動型の単価設定など）。これまでに説明してきた手法と融合させることもできる。アンカリングなどは、ほぼすべてと相性がよい。

1. 定額価格
2. 顧客にあわせた相場
3. 月額の会費制や定期購入制
4. 成果の一定割合
5. 資産価値や取引額などの一定割合
6. 一式のパッケージ料金

7. 費用プラス一定の手数料
8. 時間あたり料金制（プラス原材料費）
9. イギリス式オークション（オークション会場のような競り上げ型）
10. オランダ式オークション（アムステルダムの花市場のような競り下げ型）
11. セカンドプライスオークション（イーベイ型）
12. 業界標準価格（役者への最低支払額など）
13. 単価設定（記者や翻訳者の1ワードあたり料金など）
14. 物価連動型の年間報酬
15. 部品別の価格設定（デル方式）
16. 基本料金プラス追加料金（一般的な航空料金など）
17. 提示価格
18. 需要に連動した価格設定
19. 事前発注割引
20. 無料と有料グループの組み合わせ（広告料収入で運営されているメディアなど）
21. フリーミアム（基本的な商品やサービスは無料で提供し、高度な機能には課金する）
22. 利子の徴収

23. 違約金制（銀行の当座貸し越しや不法駐車など）
24. カミソリと替刃モデル（本体と付属品に分けた価格設定）
25. 所得に応じた料金制（一部の労働組合は給与に応じて組合費を徴収している）
26. 限界費用価格
27. マーケットシェア拡大のための値下げ
28. 普及にともなう値下げ（技術製品では一般的）
29. 頻繁な価格変動
30. 期間限定の割引
31. 季節料金制（休暇シーズンのホテル料金など）
32. 購入量に応じた値引き（クロワッサンを3個購入すれば1個無料サービス、5人セットで4万円など）
33. 食べ放題
34. 競争価格
35. 資本参加
36. 高度な専門サービスに対する報酬

第18章のまとめ

●チャリティーへの寄付はイメージづくりとしての意味が大きく、その金額によって資金提供者の満足度が変わるものではない。

●そのため寄付金額は、金銭的価値のような合理的な要素よりも相手や社会からの期待に強く影響される。

●営利活動における心理的な価格戦略は、チャリティーにも通用し、さらに効果を発揮する事例も少なくない。

第19章

価格設定と倫理

価格は単なる「ものの値段」ではない

マギーの元には多くの手紙が届いていた。インタビュー記事の読者からのもので、価格戦略における倫理観に対する批判だった。企業の価格戦略は、競争上の理由や、顧客が企業利益に反感を抱いて商品を購入しなくなるのをおそれて公表しないものだが、マギーは『フィナンシャル・タイムズ』のインタビューでも次のように述べていた。

当社は、顧客が認識する総合的なサービスの提供を重視しており、単に紅茶を販売しているわけではありません。少しの時間ゆっくりと温かい紅茶を楽しみ、自分自身を振り返る時間を持っていただきたいのです。そのために商品購入までの過程から紅茶を楽しむ時間、次の購入までのプロセスから周期までをマネジメントしたいと考えています。そのひとつの要素が価格です。

マギーに届いたメールをいくつか紹介しよう。

よい商品を適正な価格で販売していればよい。顧客をだます行為はやめなさい。

顧客が商品を通じてどんな経験をするかは、自分自身で決める。無駄な作業に時間を費やさなければ、リーズナブルな価格で販売できるはずだ。

＊　＊　＊

メールの意見も一理ある。はたして、商品を販売する側は、顧客の考えや思いを理解するよう努力すべきなのか？　それとも顧客のことは気にせず、単に商品を販売していればよいのか？　顧客の思いを理解すれば、相応の価格設定は認められるのか？

人によって倫理的価値観に違いがあるので、どうすべきかを断言はできない。だが方向性を決めるヒントになる助言はできる。実務的視点と経済原則の両面から、いくつかの考え方を紹介しておきたい。

まず、顧客が購入の判断をする仕組みは、正しく理解しておくべきである。人は感情に大きく左右され、価格から読み取れるメッセージからも強く影響を受ける。合理的な思考に基づいて「客観的な」判断をしているわけでは決してない。そのため販売する側は顧客心理を理解した上で、戦略を練るべきである。

競争市場についても考えておく必要がある。競合企業だけが顧客心理を理解した価格設定をしていれば、あなたの会社は最終的には市場から排斥される。そうなると長期的には市場競争が減り、顧客のためにもならない。

場合によっては、顧客の不信感を取り除き、合理的な判断をしてもらうための価格戦略も必要になる。第16章でも説明したように、巧妙な価格設定によって商品には価格を大幅に上回る価値があると理解してもらわなければならない。

最後に、すべての顧客が自分にできるだけ有利な取引条件を求めていることを意識しておこう。キャンペーンや値引きなども最大限利用しようとする。ただし、どんな要求にも対応しなければならないわけではない。顧客を欺いたり、誤解を与えたりしてはならないが、寛大すぎる必要もない。

第19章のまとめ

- 商行為についての一般的な法令は守らなければならない。
- 価格表示が顧客に誤解を与える事態は避けるべきである。
- 顧客は、売り手側と同じように有利な取引を求めている。どこか1社の価格がほかよりも安ければ満足なので、売り手側は競合他社と協調するのが適正な場合もある。

おわりに

2年後――マギーの買収計画との攻防と後日談

ある日の午後、工場からの帰り際、マギーからしばらく取材に応じられないと言われ、懸案事項がすべて終われば話すと約束してくれた。

当時、消費財の業界ではいくつかの動きがあり、大手メーカーのリーバークラフト&ギャンブルが、高利益率の事業取得の一環としてコーザノーストラを買収し、顧客との関係強化に動き出していた。チョコレートティーポットカンパニーの大手スーパーでの売上が500万個に達した頃、リーバークラフト&ギャンブルの副社長に昇進していたビビアンがマギーに連絡してきた。

急成長している食品および飲料メーカーに注目しているのだが、具体的なテーマを決めずに、どのような連携ができるか意見交換したいという申し出だった。マギーには、競合企業として買収をするつもりだという警告に聞こえた。

ビビアンとの協議に入る前に、マギーは3つの条件を提示した。

ひとつは、買収の最低金額は年間利益の24倍。実際には20倍程度だと思っていたが、相手に企業価値を高く印象づけるためのアンカリングだった。

2点目は、その支払いは4年間で行うこと。現時点での支払いへの抵抗感を小さくする目的だったが、4年後には買収相手の経営陣は交代していた。

3点目は、支払いの80％は株式で行い、支払期間中の株価の上昇分の調整も行う。買収側は株式での支払いのほうが、現金負担は大幅に少なくなるので、格安な買収だという印象を強くした。報酬が業績連動の経営陣にとっては、何よりも好条件である。

ビビアンは、マギーには別の交渉先もあると察知していたが、マギーの条件はそれほど厳しいものではなく、合意に向けた交渉を続けようと思っていた。

マギーは続けて話題を変え、今回の協議の意義は単にチョコレートポットの商品そのものにあるのではなく、そのビジネスモデルをつくりあげてきた、従来にない価格設定や商品開発のノウハウにあると話しはじめた。もし買収が成立すれば、それらをすべての商品に応用できる。しかもチョコレートティーポットカンパニーの次期の実質利益率は、売上の60％近くに達し、ビビアン側の食品ビジネスの約4倍になると指摘した。

「ぜひ御社の商品開発担当者と意見交換し、商品価格の再構築を試験的に実施させていただきたい。実質利益が増加すれば、御社が75％、当社が25％を手数料として受け取るというのが条件です」

ビビアンは、このアイデアに大いに乗り気というわけでもなかったが、マギーの関心が他社に向くのは避けたかった。提示された条件もそれほど悪くない。

翌週、マギーの説得が奏功し、ビビアン側の商品開発や価格設定の担当者たちは、ほぼ全員一致でマギーの提案を受け入れた。

マギーは、ただちにチョコレートティーポットカンパニーで培ったノウハウの応用をスタートした。顧客にとっての精神的および物質的な価値の検証、競争モデルの構築、価格のアンカリング、商品のリフレーミング、代金の後払いによる購入意欲の高揚、販売チャネルにあわせたパッケージ販売や新商品の開発などをすべて伝授した。リーバークラフト社内には活気が生まれ、業界内でも大手グループから生まれた新たなノウハウとして認められるようになった。

それからの2年間の市場の変化は、マギーが「認識の変革」と呼ぶとおりになっている。消費者は、単にどこにでもあるような商品を比較して購入することはなくなった。売り手やブランド、商品を消費する環境にも目を向け、商品の物的な価値とともに自分自身が認識する価値も重視するようになっている。

その結果、消費者にとっての価値が生まれる機会が増えただけでなく、企業側の利益にも貢献している。リーバークラフトは、ようやく企業ブランドを確立し、業界内の数十年にわたる均衡状態の打破にも成功した。マギーのノウハウによって利益幅も2年間で8％から18％に上昇し、総売上10・5兆円、税引き前利益も8400億円から1・9兆円に増加した。その約1・1兆円の増分のうち2800億円はチョコレートティーポットカンパニーの取り分となった。

そこまでの成長は誰も予想していなかった。チョコレートティーポットカンパニーの買収も利益の20倍で合意し、マギーの持ち株は親会社の株式に変換され、リーバークラフト株の20％以上を保有する結果になった。

その後、CTCグループと名称変更した企業は、業界トップの地位を確立した。数週間前の株主総会では、マギーが新CEOとして新たなビジョンを発表するものと期待されていた。ところがマギーは経営陣から退任し、ビビアンが後任となった。チャールズ・リーバークラフトも突然CEOを解任された。その後、マギーは経営には一切関与しなくなり、消息も知れなくなった。

＊　＊　＊

先週、消印の判読できない1通のエアメールが届いた。サインはないが、見覚えのある筆跡から差出人はわかった。その最後の文章を紹介しても許してもらえるだろう。

価格は、本当はさまざまな意義を持ちます。でも取引や共同ビジネスでは相手とのメッセージのひとつにすぎず、そのメッセージは、私たちの大いなる関心事である所持金に影響するので、重要視されます。つまり価格は経済活動におけるひとつのコミュニケーションツールにすぎませんが、実際には表層的でない価値もあらわしているのです。価格を見れば、複数の商品のうちどれを購入するかの判断がしやすいため、単なる数字として認識されるかもしれませんね。現在の「経済社会」と呼ばれる豊かで、繊細で、複雑なシステムにおいて本当に何が大切かを見つけるまでは、価格が共通の言語になるでしょう。本当の思いを伝える手段として、慎重に取り扱いたいものです。

補足資料A

価格の適正診断

価格戦略について十分理解したところで、各自のビジネスを対象に簡単な価格の適正診断をしよう。現在の価格方針は理想的だろうか？

価格設定が理想的かどうかを探る30の質問

1. 顧客は自社商品の購入時、ほかにどんな商品やサービスと比較していますか？
2. 自社の価格は競合他社と比較してどうですか？
3. それぞれの商品の総マージンはいくらですか？
4. 顧客が現行価格以上に支払うつもりだとすれば、その金額を手に入れるためにどのような戦略がありますか？
5. 顧客が自社商品を購入するとき、本当に求めている特性はなんですか？

6. 顧客が自社商品の購入を検討しているとき、どれだけの選択肢を用意できますか？
7. 自社商品を欲しいと思っている顧客が、すぐに代金を支払う余裕はないけれど、翌月や来四半期になれば現時点以上の資金を用意できるとすればどうしますか？
8. 無料で何を提供しますか？
9. 自社商品が直接競合商品と比較されにくいように、どのように「ベールをかけて」いますか？
10. 自社商品を魅力的にするために、どのような「おとり戦略」が可能ですか？
11. 市場ではどれぐらいの代金が支払われるかを調べるために、どんな検証作業をしましたか？
12. どんな顧客を販売対象から排除しましたか？
13. 売ろうとしているものの商品とサービスの両方を提供していますか？
14. 具体的な形のないものをイメージしやすくしていますか？
15. 価格を引き上げるために、次はいつ、どのようなリフレーミングを行いますか？
16. 価格への抵抗感を和らげるために、どのような高額商品に自社商品を組み合わせて販売しますか？
17. 自社商品の価値認識を高めるために、どのようにアンカリングしますか？

18. 競合商品と比較されにくいように、自社商品をどのようにセット販売しますか？
19. 最大の競合相手は誰だと思いますか？
20. 相手の価格戦略に負けないように何をしますか？
21. 顧客が公正だと思う価格帯や価格モデルを理解していますか？
22. 顧客の公正観を変え、自社の価格引き上げの正当性を証明するために何をしていますか？
23. 顧客に提供しているものの総合的な価値はなんですか？
24. 顧客側の考えは？　実際の自社商品の価値はそれ以上であることを、どのように示していますか？
25. すでに自社商品を購入している顧客を、どのように高額購入に誘導しますか？
26. どんな場所で販売していますか？　ほかにどのような販売チャネルがありますか？
27. 同じ販売チャネルを利用している競合相手の目的は？
28. 相手にはどのような制約がありますか？
29. 顧客は「他人のお金」で自社商品を購入できますか？
30. 自社商品の購入を習慣にしてもらうために、どのような価格設定ができますか？

新商品の価格戦略のためのチェック項目

次の質問に回答していけば、価格設定における課題と対応策がはっきりする。

1. 自社の商品やサービスは、顧客にどのような便益（ベネフィット）を提供できるか？ それらを第1章の表にまとめ、「**価値**」と呼ぼう。できるだけ視野を広くしよう。第1章の事例からわかるように、心の動きや目に見えない価値も具体的な便益とともに提供している。

2. 同じような価値を提供している他社の商品やサービスには、どのようなものがあるか？ 第1章の表にまとめよう。

3. それらの販売単位は？ 自社商品の1回あたりの標準的購入量に相当する数量を考えよう。たとえば頭痛に効く頭部のマッサージ機を販売しているとすれば、自社商品と同等の効果を得るために、顧客は生涯どれだけの鎮痛剤を購入しなければならないか？ 鉄道のチケットを販売している場合は、顧客が同じ距離を移動するために、どれだけの時間、車を所有していなければならないか？

4. いくら支払うか？ 「単価」の欄に記入しよう。鎮痛剤の事例であれば、ジェネリック薬と大手メーカーの商品の両方を記入し、同時に「価値の単位」も忘れずにまとめておこう。

5. 冷静に3項目の価値だけを選び、それ以外はすべて考えないようにする。顧客は同時にいくつもの価値に注目するわけではないので、顧客にアピールする価値も絞り込まなければならない。なかでも重視すべきは、競合商品の価格が最高額のもの。それを「**最重点価値**」と呼ぶ。

6. それら3項目の最重点価値について、顧客がそれらを必要とするときに、どのように商品を探し出して選択しているかを分析する。最重点価値が「痛みの緩和」であれば、どのように痛みを和らげているかを考えればよい。救急箱にアスピリンがないかどうか探すかもしれないし、薬局に行ってアスピリンを買うかもしれない。あるいは入浴してぐっすり眠るかもしれない。それぞれについての顧客の「**問題解決方法**」を列記しよう。

7. それらの対応をしているとき、価格についてどう思っているだろう？　どれぐらいの金額を支払うことになると思っているだろう？　それぞれの解決方法はどれぐらいの価値があると思っているだろう？　まず比較的高価格の方法に注目する。たとえばジェネリック薬のイブプロフェンではなくニューロフェンプラスを購入しようとしている顧客は、どのように考えているのだろう？

8. 価格戦略では、それら3項目の最重点価値のすべてを提供できる仕組みをつくり、それぞれの価格を足し合わせていく。そのときの想定金額は、「**同じ問題を解決できる別の方法に支払うであろう最高金額**」とする。

9. 顧客心理を考えた価格設定手法を駆使するために、第5章から順に紹介してきたテクニックを検討する。第18章の価格モデルのリスト（269ページ）も参考にしてもらいたい。

価値マトリックス

第1レベルの動機（便益）	第2レベルの動機（特徴）	第3レベルの動機（感情）	根源的な動機

価値比較チャート

便益／価値	競合相手	価値の単位	単価

1単位あたりの直接費

直接労働費 1	
直接労働費 2	
直接労働費 3	
原材料費 1	
原材料費 2	
原材料費 3	
原材料費 4	
原材料費 5	
合計（a）	

固定費

創業費用―1 回限りの費用（**b**）	
マネジャーの給与	
マーケティング担当者の給与	
オペレーション担当者の給与	
マーケティング費用	
オフィスおよび土地の賃貸料	
諸経費	
その他	
合計（**c**）	

販売数量と最低販売価格

基本的な費用		販売数量が…		
		──個／年	──個／年	──個／年
1個あたりの基本的な費用	(a)			
創業費用（──年間）	(b)			
1年あたりの創業費用				
年間費用（マーケティング費用および諸経費）	(c)			
1個あたりの最低販売価格				

顧客の評価ポイント

価値	頻度

アンカリングのためのデータ収集

商品	販売者	数量／サイズ	価格

商品1

標準商品	費用	数量／サイズ	価格(a)
高額商品	費用	数量／サイズ	価格
			(a) + 100%
超高額商品	費用	数量／サイズ	価格
			(a) + 200%

商品2

標準商品	費用	数量／サイズ	価格(a)
高額商品	費用	数量／サイズ	価格
			(a) + 100%
超高額商品	費用	数量／サイズ	価格
			(a) + 200%

商品3

標準商品	費用	数量／サイズ	価格(a)
高額商品	費用	数量／サイズ	価格
			(a) + 100%
超高額商品	費用	数量／サイズ	価格
			(a) + 200%

商品4

標準商品	費用	数量／サイズ	価格(a)
高額商品	費用	数量／サイズ	価格
			(a) + 100%
超高額商品	費用	数量／サイズ	価格
			(a) + 200%

競合商品との比較

	自社商品	競合商品1	競合商品2
価格帯			
競争優位性			

競合商品との比較

	自社商品	競合商品1	競合商品2
価格帯			
競争優位性			

商品のアップセリング

商品	価格	価値	アップセリングのアイテム	追加価格

補足資料B

心理学と認知の理論——本書の背景にある考え方

このパートを読むかどうかは、読者の判断に任せたい。しかし、なぜ価格設定に心理学が応用できるのか理解し、うまく価格設定するためには役立つ内容である。

生物学、心理学、認知科学、行動経済学を融合した独自の解説であり、それぞれの分野の最新の実験や理論を前提にしている。

従来の経済学では、人々の経験を「**効用**」と呼ばれる変数でとらえ、効用が高くなれば満足度が高まるので、常に最大効用を得られる選択をすると考える。また、財やサービスの売買によって効用を得られるとする経済学で重要なのは、ある財と別の財の交換によって得られる効用の量であり、それぞれの財がいくらかである。つまり経済学の研究対象は、一定の価格において財やサービスをどのように交換し、満足度を高めているかである。

心理学の行動分析は、そこまで高度ではなく、外部刺激に対する反応が脳の状態にどのように影響し、どんな行動につながるかを分析する。

いずれもアプローチとしては正しいが、一面的な検証しかできない。人間の行動をしっかりと把握した上で適正な価格設定をするには、不十分である。

従来の経済学は、前提が単純すぎる。人々が最大効用を探求するという発想は、明快だが短絡的である。ところが伝統的な心理学をビジネスに応用すると、複雑になりすぎてしまう。

次に紹介する認知理論は、それらの中間であり、経済学では扱われてこなかった主要な心理的効果も考慮するが、それらを価格設定に応用できるように単純化したモデルにあてはめる。本書では独自に「認知経済学」と呼び、顧客がどのように商品の購入や支出額の判断をするかの分析にうまく応用する。

まず、顧客個人について考えると、まわりの状況をある程度把握している。自分の外部環境とともに、自分の内面的な感情や欲望、希望も理解している。しかも、常になんらかの欠落や不足を感じている。**人を動かす唯一の原動力は、自分の状況をどうにか改善したいという欲望**である。この欠乏感は、それほど大きなものでなくても、何かが足りないという思い、理想と現実の違いがあればよいのだ。

最も基本的な欠乏感は、肉体的欲求であり、空腹や疲労、のどの渇きや痛み、性的欲求を感じると、その事実が化学物質の放出や神経信号の送信によって脳に伝わる。それらを元に外部世界を見渡し、金銭が不足している、冷蔵庫に食べ物が入っていないので、いまは食事ができない、上映中の評判の作品をまだ観ていないことを知る。別のニーズを満たしている途中で気づく欠乏感もある。たとえば金銭を稼ぐために職探しを決意し、実際に仕事を始めると、与えられた仕事が完了していないとわかるなど、次々と不十分な事態があらわれる。

したがって、人は常に不十分な事態に気づき、新たな対処法を学んでいる。幼少期は食事や水、暖かさという基本的なニーズしか意識できないが、**成長するにつれてニーズへの対処法があることを知ると、対処法の欠落も感じられるようになる。**また、そのような欠乏感は、年齢とともに順位づけできるようになる。「マズローの欲求段階説」は同じような考え方である。

個人（あるいは企業）が、意図的に特定の欠乏感を感じるように仕向ける場合もある。お気に入りのチョコレートについて考えてみよう。その商品の存在を知るまでは、その商品に対する欠乏感を抱かなかったはずだ。空腹を感じたり、チョコレートを食べたいと思ったりしても、特定のチョコレートを欲しいとは思わなかった。だがその商品の広告を見たり、店で試食したりすると、自分が好きな商品だと学習し、始終食べたくなる。つまり特定のチョコレートの欠乏を感じるようになる。

つまり認知理論では、人が存在し、まわりの状況を確認し、特定の欲望や不足を感じる能力を持っていると考える。では、その状況に対して何をするだろうか?

それが「**戦略**」である。人はニーズを満たす戦略を持っている。「空腹なときは食べる」といった単純な戦略もあれば、「金銭が不足すればクレジットカードの限度額を調べ、給料日までの日数を数え、買わずにすませるものや購入を延期するものを判断し、アドレス帳を見て現金を借りられる人を探す」というやや複雑なものもある。

ニーズを満たす一般的な戦略は、経済学でおなじみの商品やサービスの購入である。空腹時、その問題を解決する戦略は食品の消費であり、誰かから食品を購入する。もし食品を購入する資金がなければ、別の戦略として何かを売却し、稼いだ資金で食品を購入する。

それらの売買戦略はきわめて重要なので、そのプロセスを脳が詳細に学習する。具体的には、次のようなプロセスが考えられる。

■2種類の商品やサービスを比較して優劣をつける。
■それぞれの価値を数値化し、比較する。
■消費によって得られる感情を予測し、その感情が欠乏感を満足させられるかどうかを判断する。

これらのプロセスには時間と労力がかかり、正確な結果を出すには相応の時間が必要になる。その途上には、すみやかに判断し、わずかな違いは容認する。

その途上には、能力上の制約がいくつも存在する。たとえば、同時にいくつものニーズに集中できない。脳には複数のニーズや戦略に対処する能力はあるが、その数は限られている。実際には目の前にあるニーズにしか対応できないので、将来的なニーズや潜在ニーズに対処するためには、それらをいま、目の前にあるニーズに変える必要がある。しかもニーズを予測し、戦略を的確に調整するのは不可能である。将来の動きを正確に理解して予測するための情報量は膨大で、きわめて複雑な作業なので、人間の頭脳では物理的に不可能なのだ。

本書で紹介した心理的効果は、すべてそのような限定的正確さを前提としている。2種類の商品やサービスは、それぞれの価値を数値化して大まかに比較するので、「極端の回避」や「非対称の優位性」が生じる。予想のプロセスは「呼び水」に左右され、アンカリングは価値の数値化そのものであり、双曲割引の要因も限定的正確さの将来予測である。

個々の要素がどのように組み合わさって意思決定プロセスが成立しているかについては、複雑すぎるので本書では説明しないが、詳細については研究途上でもある。興味のある読者は、私のブログや論文を参照してほしい（www.knowingandmaking.com、www.inon.com/research）。メールをいただいてもかまわない（leigh@inon.com）。

参考文献と引用資料

価格設定の理論と実務に関連するさまざまな参考文献をまとめておきたい。

『プライスレス』（ウィリアム・パウンドストーン著、松浦俊輔、小野木明恵共訳、青土社、2010年）は、多様な価格設定の事例や手法、そのための実証実験をまとめたものであり、概論を学ぶのにふさわしい。

『スマート・プライシング』（ペンシルバニア大学ウォートンスクール教授ジャグモハン・ラジュー、Z・ジョン・チャン共著、藤井清美訳、朝日新聞出版、2011年）は、価格設定の実務にテーマを絞って詳細に解説している。

2006年にマーケティング科学研究所（The Marketing Science Institute）から出版されたラッセル・ウィナー著『Pricing』は、幅広いマーケティングリサーチ手法を包括的に解説した学術書である。

そのほかにもベイカー、マーン、ザワダの共著『The Price Advantage』（John Wiley & Sons, 2010）、リード・ホールデン著『Pricing With Confidence』（John Wiley & Sons, 2008）は、顧客心理にこだわらない価格設定についてのわかりやすい解説書である。

ミルトン・フリードマン著『Price Theory』（最新版Transaction Publishers, 2007）やスティーブ・E・ランドスバーグ著『Price Theory and Applications』（Cengage Learning, 2008）は、価格設定の経済理論についての専門書である。古典的な需要供給理論を扱い、顧客心理について説明するものではない。オズ・シャイ著『How to Price』（Cambridge University Press, 2008）も心理学的側面については触れていないが、従来の（合理的な）経済学についての解説書である。

行動経済学に関する書籍では、本書で説明した価格設定手法のいくつかについて取り上げている。なかでもピーター・ルン著『Basic

Instincts』（Marshall Cavendish, 2010）、ダン・アリエリー著『予想どおりに不合理』（熊谷淳子訳、早川書房、2008年）、リチャード・セイラーとキャス・サンスティーンの共著『実践 行動経済学』（遠藤真美訳、日経BP社、2009年）は、価格に関するさまざまな消費者行動や不合理な行動をわかりやすく分析している。

次に挙げる参考文献は、各章のテーマと関連性が低いものもあるが、それぞれの内容を理解する上で役立つものばかりである。

第１章　ポジショニングと価格設定

■ Dobson, Gregory and Shlomo Kalish (1988): ‘Positioning and pricing a product line’. *Marketing Science*, Vol 7 no 2.

■ Hauser, John R. (1988): ‘Competitive price and positioning strategies’. *Marketing Science*, Vol 7 no 1.

■ Lewis, R. C. (1981): ‘The positioning statement for hotels’. *The Cornell Hotel and Restaurant Administrative Quarterly*, Vol 22 (1), 51-61.

■ Nagle, T. T. (1987): *The Strategy and Tactics of Pricing: A Guide to Profitable Decision Making*. Prentice Hall.（『プライシング戦略』トーマス・T・ネイゲル、リード・K・ホールデン共著、株式会社ヘッドストロング・ジャパン訳、ピアソン・エデュケーション、2004年）

■ Shaw, Margaret (1992): ‘Positioning and price: merging theory, strategy and tactics’. *Journal of Hospitality & Tourism Research*, Vol 15, no 2, p 31.

第 2 章　原価に基づく試算

この章の基本的な内容は、次の2冊をはじめとするほとんどの経営経済学のテキストで（一部、会計学のテキストでも）取り上げている。

■ Harris, Neil (2012): *Business Economics: Theory and Application. Routledge*.

■ Thomas, Christopher R. and S. Charles Maurice (2010): *Managerial Economics*. McGraw-Hill.

費用に基づく価格設定についての学術的文献も数多く発表されているので、一部紹介しておく。

■ Maskin, E. and J. Tirole (1988): 'A theory of dynamic oligopoly II: price competition, kinked demand curves and Edgeworth cycles'. *Econometrica*, Vol 56.

■ Noel, Michael (2003): 'Edgeworth price cycles, cost-based pricing and sticky pricing in retail gasoline markets'. Department of Economics, UC San Diego.

第 3 章　顧客心理の読み方

■ Phlips, Louis (1983): *The Economics of Price Discrimination.* Cambridge University Press.

■ Rao, Vithala R.(ed) (2009): *Handbook of Pricing Research in Marketing*. Edward Elgar Publishing.

■ Winer, Russell S.(2006): *Pricing*. Marketing Science Institute.

第4章　マーケットのセグメンテーション

■ Kotler, Philip and Kevin Lane Keller (2006): *Marketing Management*. Pearson Prentice Hall.(『マーケティング・マネジメント』フィリップ・コトラー、ケビン・レーン・ケラー共著、恩蔵直人監修、月谷真紀訳、ピアソン・エデュケーション、2008年)

■ Pigou, Arthur Cecil (1952). *Economics of Welfare*. Transaction Publishers.

■ Stiving, Mark (2011): *Impact Pricing*. Entrepreneur Press.

In Focus　98円戦略は効果があるか？

■ Willam Poundstone(2010): *Priceless: The Hidden Psychology of Value*. Hill & Wang/Oneworld.(『プライスレス』ウィリアム・パウンドストーン著、松浦俊輔、小野木明恵共訳、青土社、2010年)

第5章　バイアスとの戦いと公平さの追求

■ Bolton, L. E., L. Warlop and J. W. Alba (2003): ‘Consumer perceptions of price (un)fairness’. *Journal of Consumer Research*, Vol 29 part 4.

■ Huang, Jen-Hung, Ching-Te Chang and Cathy Yi-Hsuan Chen (2005): ‘Perceived fairness of pricing on the Internet’. *Journal of Economic Psychology*, Vol 26 issue 3.

■ Hultink, Erik Jan, Susan Hart, Henry S. J. Robben and Abbie Griffin (2000): ‘Launch decisions and new product success’. *Journal of Product Innovation Management*, Vol 17 issue 1.

■ Maxwell, Sarah (2008): *The Price Is Wrong*. John Wiley & Sons.
■ Shehryar, Omar and David M. Hunt (2005): 'Buyer behavior and procedural fairness in pricing: exploring the moderating role of product familiarity'. *Journal of Product and Brand Management*, Vol 14 issue 4.
■ Zeithaml, Valarie A.(1988): 'Consumer perceptions of price, quality and value'. *The Journal of Marketing*.

第 6 章　記憶と期待

■ Cestari, Vincenzo, Paolo del Giovane and Clelia Rossi-Arnaud (2007): 'Memory for prices and the Euro cash changeover: an analysis for cinema prices in Italy'. *Bank of Italy Economic Research Paper*, No. 619.
■ Diamond, William D. and Leland Campbell (1989): 'The framing of sales promotions: effects on reference price change'. *Advances in Consumer Research*, Vol 16.
■ Goering, Patricia A.(1985): 'Effects of product trial on consumer expectations, demand and prices'. *Journal of Consumer Research*, Vol 12 issue 1.
■ Gourville, J. T.(1998): 'Pennies-a-day: the effect of temporal reframing on transaction evaluation'. *Journal of Consumer Research*, Vol 24 no 4.
■ Mazumdar, Tridib and Purushottam Papatla (1995): 'Loyalty differences in the use of internal and external reference prices'. *Marketing Letters*, Vol 6 no 2.
■ Winer, Russell S.(1986): 'A reference price model of brand

choice'. *Journal of Consumer Research*, Vol 13.

第 7 章　アンカリング効果

■ Chapman, Gretchen B. and Eric J. Johnson (1999): 'Anchoring, activation and the construction of values'. *Organizational Behavior and Human Decision Processes*, Vol 79 issue 2.
■ Epley, Nicholas and Thomas Gilovich (2006): 'The anchoring-and-adjustment heuristic: why the adjustments are insufficient'. *Psychological Science*, Vol 17 no 4.
■ Slovic, Paul and Sarah Lichtenstein (1983): 'Preference reversals: a broader perspective'.*The American Economic Review*, Vol 73 issue 4.
■ Yadav, M. S.(1994): 'How buyers evaluate product bundles: A model of anchoring and adjustment'. *Journal of Consumer Research*, Vol 21 no 2.

第 8 章　マーケットでの競争戦略

■ Cotterill, Ronald W., William P. Putsis, Jr. and Ravi Dhar (2000): 'Assessing the competitive interaction between private labels and national brands'. *The Journal of Business*, Vol 73 no 1.
■ Coughlan, Anne T. and Murali K. Mantrala (1992): 'Dynamic competitive pricing strategies'. *International Journal of Research in Marketing*, Vol 9 issue 1.

■ Dickson, Peter R. (1992): 'Towards a general theory of competitive rationality'. *The Journal of Marketing*, Vol 56(1).

■ Gabaix, Xavier and David Laibson (2005): 'Shrouded attributes, consumer myopia and information suppression in competitive markets'. *NBER Working Paper*, No. 11755.

■ Gerla, Harry S. (1985): 'The psychology of predatory pricing: why predatory pricing pays'. *Southwestern Law Journal*, Vol 39(3), p 755.

■ Kopalle, Praveen et al (2009): 'Retailer pricing and competitive effects'. *Journal of Retailing*, Vol 85 issue 1.

第 9 章　おとり戦略

■ Ariely, Dan and Thomas S. Wallsten (1995): 'Seeking subjective dominance in multidimensional space: an explanation of the asymmetric dominance effect'. *Organizational Behavior and Human Decision Processes*, Vol 63 issue 3.

■ Bateman, Ian J., Alistair Munro and Gregory L. Poe (2008): 'Decoy effects in choice experiments and contingent valuation: asymmetric dominance'. *Land Economics*, Vol 84 no 1.

■ Munro, Alistair and Robert Sugden (2003): 'On the theory of reference-dependent preferences'. *Journal of Economic Behavior & Organization*, Vol 50 issue 4.

■ Simonson, Itamar and Amos Tversky (1992): 'Choice in context: trade off contrast and extremeness aversion'. *Journal of Marketing Research*, Vol 29(3).

第 10 章　代金の後払い

■ Dasgupta, P. and E. Maskin (2005): 'Uncertainty and hyperbolic discounting'. *American Economic Review*, Vol 95 no 4.

■ Laibson, David (1997): 'Golden eggs and hyperbolic discounting'. *The Quarterly Journal of Economics*, Vol 112(2).

■ Liberman, Nira, Yaacov Trope and Elena Stephan (2007): 'Psychological distance'. *Social Psychology: Handbook of Basic Principles* (eds. Kruglanski and Higgins), Guilford Press.

■ Onwujekwe, Obinna et al (2001): 'Hypothetical and actual willingness-to-pay for insecticide-treated nets in five Nigerian communities'. *Tropical Medicine and International Health*, Vol 6 issue 7.

■ Rubinstein, Ariel (2003): '"Economics and Psychology"? The case of hyperbolic discounting'. *International Economic Review*, Vol 44 issue 4.

■ Trope, Yaacov, Nira Liberman and Cheryl Wakslak (2007): 'Construal levels and psychological distance: effects on representation, prediction, evaluation and behaviour'. *Journal of Consumer Psychology*, Vol 17(2).

第 11 章　ティーパーティー効果

■ Amaldoss, Wilfred and Sanjay Jain (2005): 'Pricing of conspicuous goods: a competitive analysis of social effects'. *Journal of Marketing Research*, Vol 42 no 1.

■ Kahneman, Daniel, Jack L. Knetsch and Richard H. Thaler (1991): 'Anomalies: the endowment effect, loss aversion and status quo bias'. *The Journal of Economic Perspectives*, Vol 5 issue 1.

■ Loewenstein, George F., Leigh Thompson and Max H. Bazerman (1989): 'Social utility and decision-making in interpersonal contexts'. *Journal of Personality and Social Psychology*, Vol 57 (3).

■ Monroe, Kent B. (1973): 'Buyers' subjective perceptions of price'. *Journal of Marketing Research*, Vol 10(1).

■ Moretti, Enrico (2011): 'Social learning and peer effects in consumption: evidence from movie sales'. *Review of Economic Studies*, Vol 78(1).

■ Jacoby, Jacob, Jerry C. Olson and Rafael A. Haddock (1971): 'Price, brand name and product composition characteristics as determinants of perceived quality'. *Journal of Applied Psychology*, Vol 55(6).

第 12 章　バンドリングの技法

■ Adams, William James and Janet L. Yellen (1976): 'Commodity bundling and the burden of monopoly'. *Quarterly Journal of Economics*, Vol 90.

■ Hanson, Ward and R. Kipp Martin (1990): 'Optimal bundle pricing'. *Management Science*, Vol 36 issue 2.

■ Kaicker, Ajit, William O. Bearden and Kenneth C. Manning (1995): 'Component versus bundle pricing: the role of selling price deviations from price expectations'. *Journal of Business*

Research, Vol 33 issue 3.

■ Olderog, Torsten and Bernd Skiera (2000): 'The benefits of bundling strategies'. *Schmalenbach Business Review*, Vol 52

第 13 章　無料（フリー）の効用

■ Ariely, Dan (2008): Predictably Irrational: The Hidden Forces that Shape our Decisions, chapter 3. HarperCollins.(『予想どおりに不合理』ダン・アリエリー著、熊谷淳子訳、早川書房、2008年)

■ Nunes, Joseph C. and Xavier Dreze (2006): 'The endowed progress effect: how artificial advancement increases effort'. *Journal of Consumer Research*, Vol 32 no 4.

■ Ries, Al and Jack Trout (1994): The 22 Immutable Laws of Marketing. Harper Business.(『売れるもマーケ　当たるもマーケ　マーケティング22の法則』アル・ライズ、ジャック・トラウト共著、新井喜美夫訳、東急エージェンシー出版部、1994年)

第 14 章　アップセリング

■ Aydin, Goker and Serhan Ziya (2008): 'Pricing promotional products under upselling'. *Manufacturing & Service Operations Management*, Vol 10 no 3.

■ Chapman, G. B. and B. H. Bornstein (1996): 'The more you ask for, the more you get: anchoring in personal injury verdicts'. *Applied Cognitive Psychology*, Vol 10 no 6.

アップセリングについて詳しく解説する専門書はないが、次の文献は有名である。

■ Schiffman, Stefan (2005): Upselling Techniques: That Really Work! Adams Media.

第 15 章　提携販売とバリュープライシング

■ Kortge, G. Dean and Patrick A. Okonkwo (1993): ‘Perceived value approach to pricing’. *Industrial Marketing Management*, Vol 22 issue 2.

ロン・ベイカーは、弁護士や会計士などの専門サービス向けの著作が複数ある。

■ *Implementing Value Pricing* (John Wiley & Sons, 2010)
■ *Pricing for Value* (SPCK Publishing, 1999)

この章で取り上げた「**Absorption Pricing**」（**提携販売の価格設定**）は、製造に要した光熱費などの間接的な費用までカウントする用語「全部原価計算」の意味で使われることもある。だがここでは、比較的低価格な商品を高額な商品に「**吸収させる**（absorbed）」ことによって、心理的な抵抗感を小さくする手法として紹介している。

第 16 章　他人のお金

「**プリンシパル＝エージェント問題**」〔使用者であるプリンシパルが、被使

用者であるエージェントの行動を完全に把握していないため、エージェントがプリンシパルに不利益な行動をする事態）は、次の文献をはじめとする上級者向けの経済学テキストや学術文献で取り上げられることが多い。

■ Grossman, Sanford J. and Oliver D. Hart (1983): 'An analysis of the principal-agent problem'. *Econometrica*, Vol 51 no 1.

■ Laffont, Jean-Jacques and David Martimort (2001): *The Theory of Incentives: The Principal-Agent Model*. Princeton University Press.

法人を対象とするビジネスを概説する専門書もあるが、次の文献から読みはじめるとよい。

■ Boaz, Nate, John Murnane and Kevin Nuffer (2010): 'The basics of business-to-business sales success'. *McKinsey Quarterly*, May 2010. Accessible at: www.mckinseyquarterly.com/The_basics_of_business-to-business_sales_success_2586

■ Coe, John (2003): The Fundamentals of Business-to-Business Sales and Marketing. McGraw-Hill Professional.

第 17 章　価格設定の環境整備

■ Kopalle, Praveen K., Ambar G. Rao and João L. Assunção (1996): 'Asymmetric reference price effects and dynamic pricing policies'. *Marketing Science*, Vol 15 no 1.

■ Shipley, David and Elizabeth Bourdon (1990): 'Distributor pricing in very competitive markets'. *Industrial Marketing Management*, Vol 19 issue 3.

第18章 「あげる」心理学

別の分野の専門書だが、興味があれば最初に読む文献としておすすめする。

■ Oppenheimer, Daniel M. and Christopher Y. Olivola (eds.) (2010): *The Science of Giving: Experimental Approaches to the Study of Charity*. Psychology Press.

第19章 価格設定と倫理

倫理観について概説する文献はまだ少ないが、次の論文をはじめ行動経済学分野の報告は増えている。

■ Bovens, Luc (2009): 'The ethics of nudge'. *Preference Change. Theory and Decision Library A*, Vol 42. Springer.

■ Selinger, Evan and Kyle Whyte: 'Is there a right way to nudge: the practice and ethics of choice architecture'. *Sociology Compass*, Vol 5 issue 10.

ただし、主に公共政策担当者向けの内容であり、ビジネスにおける倫理観については、まだ学問として確立途上である。

リー・コールドウェル

価格リサーチの専門家。認知・行動経済学者。数学者。18歳で数学の学位を首席で取る。1994年、価格リサーチのコンサルタント会社Inonを設立。行動経済学と心理学をベースに最適な価格を解析する。価格コンサルティングに従事するかたわら、ビジネス解説者としてBBC Newsを含む多数のメディアに頻繁に出演する。

＊著者ブログ　http://www.pricingrevolution.com/

＊本書の参考サイト　http://www.psyprice.com/

武田玲子（たけだ　れいこ）

慶應義塾大学商学部卒。鉄道および食品大手で長年にわたり広報・IR業務を経験後、翻訳に携わる。訳書は『ラブロック&ウィルツのサービス・マーケティング』（ピアソン・エデュケーション）、『これからの資本主義はどう変わるのか』（翻訳協力、英治出版）、『スティーブ・ジョブズ　世界を変えた言葉』（イースト・プレス）など、主にビジネス、マネジメント分野の翻訳を手がけている。

なぜ、カフェのコーヒーは「高《たか》い」と思《おも》わないのか？

価格《かかく》の心理学《しんりがく》

2013年2月20日　初版発行
2018年5月20日　第10刷発行

著　者　リー・コールドウェル
訳　者　武田玲子
発行者　吉田啓二

発行所　株式会社日本実業出版社　東京都新宿区市谷本村町3－29　〒162-0845
大阪市北区西天満6－8－1　〒530-0047

編集部　☎03-3268-5651
営業部　☎03-3268-5161　振　替　00170－1－25349
http://www.njg.co.jp/

印刷／壮光舎　製本／若林製本

この本の内容についてのお問合せは、書面かFAX（03－3268－0832）にてお願い致します。
落丁・乱丁本は、送料小社負担にて、お取り替え致します。

ISBN 978-4-534-05042-7　Printed in JAPAN